PETER ISCHKA

WIE GEHT EINHEIT

Denn nicht überall, wo „Einheit"

draufsteht, ist auch Einheit drin

EDITION PJI

Impressum

Dieses Buch ist eine Beta-Version, ein Arbeitsbuch, das noch nicht abgeschlossen ist. Wer ergänzend etwas dazu vorschlagen möchte, eine persönliche Erfahrung gemacht hat, die zu diesem Buch passt, oder vielleicht einen Irrtum darin entdeckt hat, ist herzlich eingeladen, es dem Autor mitzuteilen: info@mission-is-possible.de

»Wie geht Einheit?«

Bibelzitate sind frei wiedergegeben nach den Übersetzungen:
Elberfelder Bibel, Hoffnung für alle, Neue Genfer Übersetzung
Revidierte Elberfelder Bibel © 1985/1991/2008
SCM R.Brockhaus im SCM-Verlag GmbH & Co. KG, Witten
Bibeltext der Neuen Genfer Übersetzung – Neues Testament und Psalmen
© 2011 Genfer Bibelgesellschaft
Hoffnung für Alle® © 1983,1996, 2002, 2009, 2015 by Biblica, Inc.® –
Herausgeber Fontis – Brunnen Basel.
Wir empfehlen, sich diese Bibeln zu besorgen und den Originaltext
im umfassenden Kontext nachzulesen.

Eine Publikation der
Agentur PJI UG
[haftungsbeschränkt]
Grabenweg 20, D-73099 Adelberg
info@agentur-pji.com • http://shop.agentur-pji.com

Lektorat: Gabriele Pässler, www.g-paessler.de
Layout: Agentur PJI UG
Titelfoto: Ilka Erika Szasz-Fabian, 123rf.com
Fotos: Archiv Agentur PJI, Montage aus Filmposter „The
Magnificent Seven“, Ilka Erika Szasz-Fabian, 123rf.com

1. Auflage, September 2017

Printed in European Union
ISBN: 978-3-944764-14-6

PETER ISCHKA

WIE GEHT EINHEIT

Denn nicht überall, wo „Einheit“ draufsteht, ist auch Einheit drin

Anleitung für ein
„Einheits-Entwicklungs-Labor“
für dich und zwei, drei
deiner Freunde

EDITION PJI

Widmung

Ich widme dieses Buch meinem Freund
Dr. Roland Andergassen (1954–2017).

Er war ein Mann der Einheit. Wo immer er konnte, hat er sich eingesetzt, dass Christen mit den verschiedensten „Stallgerüchen“ zusammenkommen. Ich habe das Empfinden, auf diesem Gebiet war er am Ende seines Lebens mit den Ergebnissen bei Weitem nicht zufrieden. Er musste feststellen, dass viel über Einheit geredet wird, aber wenn es um Konsequenzen geht, ziehen sich die meisten wieder in ihr kirchliches Schneckenhaus zurück.

Mit diesem Buch hoffe ich, all das zusammenzufassen, was ihm am Herzen lag, was er ausgedrückt hat und vielleicht auch das, wofür ihm auch die Worte noch gefehlt haben.

Ich widme dieses Buch auch jenen, an die Roland gedacht hat, wenn er von der Sehnsucht nach dieser Einheit bewegt war. Das sind in erster Linie Christen im Bundesland Vorarlberg, in Österreich. Sie alle kannten Roland und er kannte sie. Aber kannten sie ihn wirklich? Wie schnell hat man jemanden in eine Schublade gesteckt. Von Jesus wurde ja auch gesagt: „Ist das nicht der Sohn des Zimmermanns?“

Ich widme dieses Buch auch den vielen Freunden von Roland, die sich auf globaler

Ebene für Vernetzung engagieren. In diesem Zusammenhang wurde ich an das Gleichnis mit den Talenten erinnert: „Wer im Kleinen treu ist, wird größere Verantwortung bekommen." Daher lädt dieses Buch ein, Einheit zuerst in der nächsten Umgebung zum Leben zu erwecken, bevor man sich zu globalen Höhen aufschwingt.

Es geht um die Einheit mit Jesus Christus. Da hat uns jetzt Roland etwas voraus, denn seine Einheit mit dem König der Könige und dem Herrn aller Herren ist inzwischen zur Vollendung gekommen.

INHALT

Das „Reformations-Siegel“

Wir ehren alle Reformationen der Vergangenheit. Im richtigen Leben macht Erneuerung keine Pause, daher wird uns nur die Reformation, die vor uns liegt, voranbringen. Dieses Buch beinhaltet reformatorische Impulse, die jeder umsetzen kann.

R³ – wenn drei in „Gleichwie-Einheit“ übereinkommen.

Einleitung

Über Einheit wird viel gesprochen und geschrieben. Aber nicht überall, wo Einheit draufsteht, ist auch Einheit drin. Vor allem sollten wir wissen: Einheit – mit wem? In einer Einkaufsgemeinschaft bekommen alle Mitglieder Bonuspunkte. Es gibt eine Vernetzung für Briefmarkensammler, die bevorzugt Marken aus dem vorigen Jahrhundert sammeln. Oder die große Gemeinschaft der Facebook-Freunde … Unter Einheit kann man sich vieles vorstellen.

Natürlich soll es hier um die Einheit der Christen gehen. Aber auch da ist die Auswahl groß – Arbeitsgemeinschaften, Allianzen, die Ökumene und neue Erweckungsnetzwerke: Auf welches Pferd sollen wir setzen?

Eines ist auch klar: Einheit ist genau das, was der Teufel um jeden Preis verhindern will. Wenn ihm das nicht gelingt, dann erzeugt er die schillerndsten Ersatzformen. Eben: Wenn irgendwo „Einheit" draufsteht, heißt das noch lange nicht, dass auch Einheit drin ist.

Einheit ist genau das, was der Teufel um jeden Preis verhindern will

In diesem Buch versuchen wir herauszufinden, was Jesus gemeint hat, als er von Einheit sprach. Der Eindeutigkeit zuliebe werden wir die Einheit, von der Jesus spricht, „Gleichwie-Einheit" nennen.

Wie kann ein Gerichtsmediziner herausfinden, ob eine einzelne Hand oder ein separierter Fuß zum selben Körper gehören? Er macht einen DNA-Test. Haben die einzelnen Teile dieselbe DNA wie das Haupt, dann kann man von ein und demselben Leib sprechen. Das wäre Einheit.

Bei uns Christen gibt es etwa 46 000 Denominationen, da müsste eigentlich auch mal ein DNA-Test gemacht werden … Aber diese Zahl sollte uns nicht beeindrucken, auch nicht die Frage, ob alle christlichen Kirchen auf dieser Erde einmal eins sein könnten: In diesem Buch geht es darum, dass du am Ende mit mindestens zwei anderen Christen so eins sein kannst, wie Jesus es gemeint hat. Wenn das gelingt, dann hätte das unvorstellbare positive Auswirkungen. Matthäus 18,19 würde nicht nur ein Traum bleiben: „Wenn zwei von euch auf der Erde so eins werden, wie ich es gemeint habe, und in dieser Übereinstimmung irgendeine Sache erbitten, so wird sie ihnen werden von meinem Vater im Himmeln." Ich werde dich einladen, ein „Einheits-Entwicklungs-Labor" zu starten.

Nur das, was wir im Kleinen konsequent umsetzen, wird auch im Größeren funktionieren. Wer sich um die Einheit der Christen in Europa bemüht, während einzelne Glieder in seiner Gemeinde schlecht übereinander reden oder sich gar nicht wirklich kennen, der lebt in einer Illusion.

Jedes Jahr kommen mindestens zehn neue Palmwedel hervor. Alte sterben ab

Welche Reformation liegt vor uns?

In letzter Zeit war die historische Reformation ein großes Thema. Wir erinnern uns an die großen Reformatoren wie Martin Luther, Johannes Calvin, Jan Hus, Ulrich Zwingli. Reformation bedeutet so viel wie Wiederherstellung und Erneuerung. Das sollte eigentlich ein anhaltender Prozess sein.

Wenn wir uns hier mit der Einheit befassen, von der Jesus gesprochen hat, die aber weitgehend nicht vorhanden ist, verlangt das eine Reformation, die noch vor uns liegt – zur Wiederherstellung und Erneuerung der Einheit, die im ersten Jahrhundert offensichtlich gelebt wurde.

An der historischen Reformation wird kritisiert, dass Luther die große Spaltung der Kirche brachte. Wer hat sich von wem abgespalten? Nicht jene, die sich einer notwendigen Erneuerung verweigert haben, von denen, die mutig den Status quo verlassen haben?

Wir haben so viel von Reformation gehört, dass man möglicherweise zu kompliziert denkt und es schwer wird,

„einfach“ zu erklären, worum es dabei geht. Das Wachstum einer Palme ist für mich eine gute Veranschaulichung: Jedes Jahr kommen mindestens zehn neue Palmwedel hervor. Alte sterben ab – und der Stamm ist das Ergebnis aller bisheriger Palmwedel.

Reformation in 3D

Sich die Reformation in 3D vorzustellen, hilft vielleicht, die Zusammenhänge besser zu verstehen. Im Zentrum auf der Zeitachse bewegt sich der zurzeit bestmögliche Top-Status der Gemeinde hin zu dem Zustand, der im Neuen Testament als „ohne Flecken und Runzeln“ beschrieben wird (Epheser 5,27). Es geht um den Leib Christi, der als Braut dem Bräutigam begegnen wird. (An dieser Stelle wird es dann sicher keine „Ehe für alle“ geben – aber das nur so nebenbei). Der Zeitachse entgegen wirkt der Stagnationsfaktor. Jeder Reformation ging mal die Luft aus und sie stagnierte und blieb auf der Zeitachse zurück oder erlebte sogar eine Rückentwicklung. Dann haben manche Konfessionen stärker heidnische Einflüssen zugelassen und sind in diesem Diagramm nach links abgedriftet. In verschiedenen Reformationen wurden einzelne „Wahrheiten“ überbetont, was zum

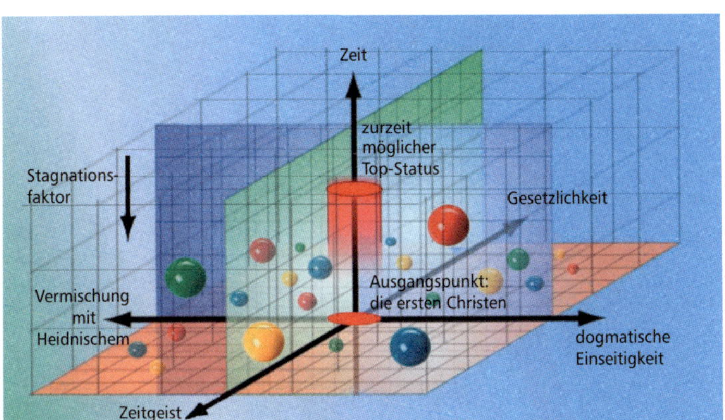

Alle sind von dem zurzeit möglichen Top-Status weit entfernt

jeweiligen Zeitpunkt vielleicht nötig war, es hat aber bei manchen zu einer bleibenden Einseitigkeit geführt. Andere pflegen eine Überbetonung der Gesetzlichkeit und wieder andere haben sich mit dem Zeitgeist vermählt. Alle sind mehr oder weniger von der zentralen Achse entfernt. Alle brauchen Richtungsänderung: weg vom Zeitgeist, weg vom Heidnischen, weg von der Einseitigkeit, weg von der Gesetzlichkeit und vor allem: gegen die Stagnation! In der Fachsprache nennt man diese Richtungsänderung „Buße". – Das wäre der optimale Einstieg für jede Reformation, die vor uns liegt!

Wenn wir die Einheit wollen, von der Jesus spricht, ist Buße ganz sicher angesagt – allein schon deshalb, um sich von irrigen Vorstellungen zu trennen und um Vergebung zu bitten für das, was bisher Einheit verhindert hat. Ich verstehe Buße als Richtungskorrektur, wie Paulus sie in Römer 12,2 empfiehlt: Werdet verändert durch die Erneuerung eures Denkkonzepts, damit ihr überhaupt erkennen könnt, was der Wille Gottes ist.

Dieses Buch will nicht, dass du am Ende mehr weißt, sondern dass du dich persönlich zur Verfügung stellst für das, was Einheit möglich macht. Es wird sehr praktisch!

Ein interessanter Vergleich

Nach einer längeren Besprechung für ein stadtmissionarisches Projekt, an dem Vertreter der meisten Kirchen der Stadt beteiligt waren, hatte ich ein interessantes Bild.

Ich sah eine schöne goldene Krone mit so vielen Zacken, wie Denominationen bei diesem Meeting anwesend waren. Also: eine Zacke stand für die lutherische Kirche, eine für die Baptisten, eine andere für die Mennoniten, es gab eine Pfingstler-Zacke, eine für die FEG, wieder eine für Methodisten, auch Adventisten waren vertreten, eine neue charismatische Gemeinde – also eine Krone mit vielen Zacken. Jede dieser Spitzen stand auch für die Besonderheit jeder Denomination.

Jede Zacke steht für die Besonderheit einer Denomination

Für dieses Stadt-Projekt suchte man Einheit. Die Sitzung hatte schon einige Zeit in Anspruch genommen. So hatte die lutherische Kirche Probleme mit dem Taufverständnis der Baptisten. Die Betonung des Heiligen Geistes bei den Pfingstlern und besonders in der neuen charismatischen Gemeinde war für die Mennoniten und die FEG nicht tragbar. Viele andere Besonderheiten wurden diskutiert – Hindernisse, die es schwer machten, sich zu einigen.

Dann sah ich in diesem Bild, wie jemand eine Schere nahm und einfach alle Zacken abschnitt. Das war die Lösung! Alle störenden Besonderheiten waren beseitigt. Man konnte sich nun auf dem kleinsten gemeinsamen Nenner treffen und „eins“ sein für dieses stadtmissionarische Projekt.

Einander dienen mit den Besonderheiten der einzelnen Denomination

Daraufhin sah ich noch eine zweite Krone. Bei dieser neigten sich die Spitzen zueinander und trafen sich im Zentrum. Die Krone formte sich dabei zu einem Helm. Es sah so aus, als verneigte sich jeder vor dem anderen. Man hielt nicht mehr die Spitze des anderen, die eigene Besonderheit hoch. Es war eher, als würde man einander dienen! Man diente sich gerade mit den Besonderheiten der einzelnen Denomination. Erstaunlich, man hat das sogar zugelassen! Jeder hat den anderen mit seinen besonderen Gaben gedient und damit das ausgeglichen, was bei den anderen nicht so ausgeprägt war.

Ob es das auch in der Wirklichkeit geben kann?

Nicht bitten um etwas, was uns schon geschenkt wurde

Über Jahrhunderte hinweg haben wir uns religiöse Gewohnheiten angeeignet, die nicht immer mit dem übereinstimmen, was uns die Bibel vermittelt. Zum Beispiel erübrigt es sich doch, um etwas zu bitten, was wir schon bekommen haben. Vorausgesetzt, dass wir Kinder Gottes sind und die damit verbundene Erbschaft angetreten haben. „Wenn aber Kinder sind, so sind wir auch Erben, Erben Gottes und Miterben Christi..." (Römer 8,17). Es kann natürlich vorkommen, dass wir gar nicht wissen, was uns alles zusteht. Wenn wir also um etwas bitten, was wir schon längst haben, wäre unser Gebet nicht sehr sinnvoll.

Das kann aber auch mit den Mangel an Glauben zu tun haben. So ist es einfacher, um etwas zu bitten – in der Hoffnung, der liebe Gott im Himmel würde schon alles richten.

So vertreten viele die Ansicht, dass wir um Einheit beten sollen, und warten ganz fatalistisch – ganz ergeben – darauf, dass diese Einheit vom Himmel fällt. Aber es gibt einiges, wozu wir *beauftragt* worden sind; das haben definitiv *wir* zu erledigen. Und wenn wir es nicht tun, geschieht es nicht. „So wie der Vater mich in die Welt gesandt hat, so sende ich dich!" Wir kennen ja unsere Gebete für Kranke – „Vater, wenn es dein Wille ist, bitte heile diese Krankheit ..." Erstens: Es *ist* sein Wille, dass Krankheit geheilt wird; die theologische Streitfrage dazu werden wir hier nicht

Wenn wir nicht tun, wozu wir beauftragt sind, wird es nicht geschehen vertiefen. Nur so viel, dass im Auftrag zur Mission Jesus seinen Nachfolgern gesagt hat: „Heilt die Kranken." Er hat nicht gesagt „Bittet mich, dass ich diese Kranken heile". Das zeigt, dass sich einige unserer gewohnheitsmäßigen Bittgebete erübrigen.

So auch die Bitte „Vater, mach uns eins". Dazu gibt es sogar Lieder; ich schlage vor, diese aus dem Repertoire zu streichen. Um deine Vorstellungen noch etwas mehr zu erschüttern, behaupte ich, dass nicht einmal Jesus in Johannesevangelium in diesem berühmten 17. Kapitel, dem hohepriesterlichen Gebet, um Einheit gebetet hat. Wir werden später dieses Kapitel genauer ansehen, um zu erkennen, worum Jesus tatsächlich gebetet hat in diesem finalen Gebet, bevor er in den Garten Gethsemane gegangen ist. Du wirst sehen: Es ist immer segensreich, etwas genauer hinzusehen, was im Wort Gottes steht, und nicht einfach zu übernehmen, was man *meint*, dass drinstehen könnte.

Paulus sagt in Epheser 4: „Bewahrt die Einheit." Wenn uns die Einheit inzwischen abhandengekommen ist, müssen wir vor allem um Vergebung bitten dafür, dass wir das möglich gemacht haben, und uns für ihre Wiederherstellung interessieren.

Damit du dich gleich darauf einstellen kannst, worauf dieses Buch hinausläuft: Ob es Einheit gibt, hängt auch von dir ab. Aus deiner Perspektive betrachtet, spielst du in diesem Prozess die entscheidende Rolle. Die Frage ist nur: Bist du bereit, dich dafür zur Verfügung zu stellen?

Nicht überall, wo „Einheit“ draufsteht, ist auch Einheit drin

Was Einheit *nicht* ist

Das Thema „Einheit“ haben sich viele auf die Fahne geschrieben. Jeder will Einheit! Aber was das genau ist, darüber herrscht weitgehend Uneinigkeit. Am besten, wenn alle anderen sich unseren Ideen und Netzwerken anschließen ... Aus diesem Grund gibt es inzwischen hunderte Initiativen und Netzwerke, die dem Thema Einheit viel Zeit und Aufmerksamkeit widmen. Wenn aber nur „Einheit“ draufsteht und nicht die Einheit drin ist, von der Jesus gesprochen hat, dann ist das eine große Zeitverschwendung – die kannst du dir sparen.

Über Einheit wird viel geredet, und viele Unbeteiligte haben „gute“ Ratschläge dazu.

Vielleicht hast du den Begriff „Petrusdienst“ gehört – da denkt man laut darüber nach, die weltweite Christenheit unter dem Vorsitz des Papstes als Integrationsfigur zu vereinen. Für diese „Einheit“ soll dessen Amt ein wenig abgespeckt werden, nur im römisch-katholischen Teil würde die ganze Amtsgewalt Anwendung finden. Geht es hier um die Einheit der gesamten Christenheit, die zum Großteil aus Mitgliedern besteht, die ungewollt, nur von Geburt wegen, da hineingeraten sind?

Das Bild von der Krone mit den abgeschnittenen Zacken veranschaulicht eine Einheit auf dem kleinsten gemeinsamen Nenner: „Du redest nicht über Taufe, du nicht über Heilung, auch das Thema ‚Heiliger Geist‘ lassen wir außen vor.“ Der Saft ist draußen, das Ergebnis: ein

recht kraftloser Kompromiss. Diese Art von Übereinkunft kann nur eine Zweckgemeinschaft sein mit dem Ziel, ein Projekt einigermaßen friedlich zu Ende zu führen.

Einheit ist nur unter Lebendigen möglich! Tote können keine Beziehung haben

Ich glaube nicht, dass eine Einheit von „Organisationen“ anzustreben ist. Das hat sehr viel mit Kirchenpolitik zu tun und mit theologischen Spitzfindigkeiten. Dafür werden Gremien gebildet und man tagt in diversen Ausschüssen, um sich Schritt für Schritt anzunähern. Schon viele Jahre sind verstrichen ... für alle Beteiligten ist das eine gute Beschäftigungstherapie.

Wir haben weltweit über 46 000 christliche Denominationen. Etliche von ihnen sind der Auffassung, sie wären die „einzig Wahren“ (was sie als Sekten qualifiziert). Viele davon sind absolut für Einheit – wenn nur der Rest sich an ihre Vorgaben halten würde.

Einheit wird es nur geben unter Menschen, die Jesus nachfolgen. Nicht mit Organisationen – Einheit hat etwas mit Beziehung zu tun. Einheit braucht Lebendiges, also Menschen, die beziehungsorientiert leben.

In etwas, das nicht Einheit ist und auch keine Perspektive hat, Einheit zu werden, würde ich keine Zeit investieren. Die „Welt“ und der Geist Gottes können nicht eins sein, auch nicht Irrtum und Wahrheit. Suche das Eigentliche, das, woran Jesus gedacht hat, als er von Einheit sprach. Und lass das mit den Kompromissen, sei geradlinig, auch wenn du vorerst dadurch vielleicht Freunde verlierst. Nur das Echte wird dich wirklich zufriedenstellen.

Jesus hat nicht um Einheit gebetet

Er hat definitiv nicht gebetet: „Vater, mach sie eins!“, sondern vielmehr um die Voraussetzungen, *damit* Einheit dann das Ergebnis sein kann.

Aber holen wir in diesem Fall etwas weiter aus, schauen wir, welche Aussagen in den vorhergehenden Kapiteln getroffen wurden; zusammen ergeben sie ein kompletteres Bild und helfen uns, die einzelnen Punkte in Johannes 17 besser zu verstehen.

Jesus spricht darüber, dass er wieder zum Vater geht. Das war natürlich ein abstraktes Thema für alle, die – wie wir – sehr erdbezogen leben. Da wollte es Thomas genauer wissen, ja, genau der, der später als der „ungläubige Thomas“ in die Geschichte eingegangen ist: Wir wissen doch nicht einmal, wohin du gehst. Wie sollen wir dann den Weg dorthin kennen? Darauf antwortet Jesus mit den gigantischen Worten, die alles zusammenfassen (Johannes 14,6–7): *Ich bin der Weg und die Wahrheit und das Leben. Niemand kommt zum Vater als nur durch mich. Wenn ihr mich erkannt habt, werdet ihr auch meinen Vater erkennen.*

„Kennst du mich?“, fragt Jesus den Thomas sinngemäß. Diese Frage stellt er auch uns immer wieder: „Kennst du mich?“ Er ist der Weg, die Wahrheit und das Leben. Wir alle haben diese Bibelstelle im Kopf, aber kennen wir Jesus als *den* Weg, kennen wir ihn als *die* Wahrheit und *das* Leben? Das macht den Unterschied.

Heute zu sagen „Niemand kommt zu Gott außer durch Jesus“, das ist intolerant. In diesen Tagen muss man jedem seinen individuellen Weg zugestehen. Besonders die evangelische Kirche ist in dieser Sicht sehr „weitherzig“.

Kennst du Jesus? Ich meine, als den, der er jetzt ist?

Aber Jesus selbst ist hier total eng: Niemand – wirklich niemand – kommt zum Vater, außer durch ihn.

„Ich bin die Tür", sagt Jesus in Johannes 10,9. Wer nicht durch die Tür hineingeht, ist ein Dieb und ein Räuber (10,1). Wer einen anderen Weg vorschlägt, ist ein Betrüger. Denn auf einem anderen Weg kommt man nicht hinein; man wird bewusst in die Irre geschickt. Daher kann das Angebot der verschiedenen Wege auch keine Basis sein für Einheit – auch wenn man sich tolerant geben möchte und alle doch so nette Menschen sind. „Andere Wege" ist gleich Einheits-Ausschluss. Du brauchst es erst gar nicht zu probieren.

Koinonia – wie der Würfelzucker eins wird mit dem Kaffee

Kennst du Jesus? „Wer mich erkannt hat, kennt auch meinen Vater. Ich und der Vater sind eins." Das ist wichtig festzuhalten, damit wir verstehen, worum es geht, wenn Jesus von Einheit spricht.

Jesus erklärt seinen Nachfolgern: Die Worte, die ich zu euch rede, rede ich nicht aus mir selbst; ich vermittle euch, was ich bei dem Vater gesehen habe (8,38). Der Vater aber, der in mir bleibt, tut seine Werke (durch mich). Glaubt mir, dass ich im Vater bin und der Vater in mir ist ... Verstehen wir das? – Das ist das Kernstück von Einheit!

Immer wieder betont es Jesus: Ich bin im Vater und der Vater ist in mir. Verschmolzen. Wer Jesus sieht, der sieht den Vater, den, der ihn gesandt hat (12,45). Gemeinschaft mit ihm: *koinonia*. Was das griechische Wort vermitteln will? *Koinonia* ist so ähnlich, wie wenn man einen Würfelzucker im Kaffee umrührt. Versuche anschließend, den Würfel wieder herauszuholen ... Richtig: die beiden sind miteinander verschmolzen, haben *koinonia*.

Jetzt kommt eine Aussage, die überwältigt: Jesus kündigt seinen Freunden an, dass er zum Vater zurückgeht. Was bedeutet, dass er nicht mehr körperlich mit seinen

Freunden unterwegs sein wird.

„Wer an mich glaubt, der wird auch die Werke tun, die ich tue, und wird größere als diese tun, weil ich zum Vater gehe“ (14,12). Selbst wenn es nur dieselben Werke wären, wie gigantisch ist das! „Ich gehe zum Vater, nun sende ich dich!“ (17,18). „Botschafter an seiner Stelle“ (2. Korinther 5,20). Du vertrittst ihn hier auf Erden, während er beim Vater ist. Glaubst du das? – Es kommt noch dicker!

Und was ihr bitten werdet in meinem Namen, das werde ich tun, damit der Vater verherrlicht werde im Sohn. Markiere dir hier „in meinem Namen“, denn darauf kommen wir später noch. Das bedeutet nämlich *nicht*, jedes Gebet einfach mit „im Namen Jesu“ zu beenden, als wäre das eine Zauberformel.

Wir lieben den vorigen Vers: „Was ihr bitten werdet, werde ich tun ...“ – „Herr, bitte einen Mercedes SL 350!“ Ist es dir auch schon passiert, dass du daraufhin *keinen* Mercedes dein Eigen nennen konntest? Was ist nun mit dieser Zusage, was ist schiefgelaufen?

Jetzt kommt der Upturner. Jesus hat Petrus dreimal gefragt: „Hast du mich lieb?“ Nun in Vers 15 sagt Jesus: „Wenn ihr mich liebt, so werdet ihr meine Gebote halten.“ Das wiederholt Jesus viermal. So etwas hört man aber heute nicht gerne. Klingt das nicht zu gesetzlich?

Ihr seid meine Freunde, wenn ihr tut, was ich euch gebiete (15,14). Willst du dir etwas gebieten lassen? Wir werden zwar umsonst gerechtfertigt, aus Gnade (Römer 3,24), aber niemand von uns wurde im Sommerschluss-Verkauf erworben. Jesus hat für dich den Höchstpreis bezahlt (1. Korinther 6,20). Das macht dich auf der einen Seite so wertvoll, auf der anderen Seite gehörst du nun aber ihm. Daher (Johannes 2,5): „Tut, was er euch sagt!“

In 14,21 betont Jesus es noch einmal. Das muss wirklich sehr wichtig sein: „Wer meine Gebote hat und sie hält, der ist es, der mich liebt; wer aber mich liebt, der wird von meinem Vater geliebt werden; und ich werde ihn lieben und mich selbst ihm offenbaren.“ Ist das ein Angebot? Für mein bisschen Liebe bekomme ich die Liebe vom Vater und Jesus im Doppelpack – und dazu noch wird Jesus selbst sich mir offenbaren! Manches in diesen Versen ist kaum zu fassen. Das übersteigt unsere Vorstellung bei Weitem.

Johannes hatte auf Patmos eine Offenbarung von Jesus und schrieb daraufhin das letzte Buch der Bibel. Eine Offenbarung von Jesus – ihn zu kennen, wie er wirklich ist: „Der Vater der Herrlichkeit gebe euch den Geist der Weisheit und der Offenbarung, ihn zu erkennen“ (Epheser 1,17).

Wir müssen das alles nicht aus uns selbst produzieren. In Johannes 15 kommt der Weinstock als Bild für Jesus. „Ich bin der Weinstock, ihr seid die Reben. Wer in mir bleibt und ich in ihm [schon wieder dieses Verschmolzensein!], der bringt viel Frucht, denn getrennt von mir könnt ihr nichts tun. Wenn ihr in mir bleibt und meine Worte in euch bleiben, werdet ihr bitten, was ihr wollt, und es wird euch widerfahren.“ – *Wenn, dann!* „Darin wird mein Vater verherrlicht, dass ihr viel Frucht bringt als meine Jünger. Reben an mir, die keine Frucht bringen, wird er wegnehmen; jede, die Frucht bringt, wird er reinigen, dass sie mehr Frucht bringt.“

Einheit hat etwas mit diesem Weinstock zu tun: Nur wenn ich am Weinstock bin, kann ich Einheit haben mit dem Weinstock und dadurch auch mit den anderen Reben, die ebenfalls dranhängen. Es gibt Reben, die nicht dran sind, mit denen können die, die dran sind, auch bei größter Mühe keine Einheit haben. Dieses Bild hilft uns, die Lage etwas realistischer zu sehen, auch wenn wir nicht immer und abschließend beurteilen können, welche Rebe am Weinstock dran ist und welche nicht. Aber ich kann mir vorstellen, dass es dir so geht wie mir: Ich möchte unbedingt dran sein am Weinstock! Gut, da haben wir schon mal etwas gemeinsam.

(Johannes 15,11–16) „Das mit dem Halten der Gebote habe ich zu euch gesagt, damit meine Freude in euch sei und eure Freude völlig werde." Das ist ja mal ein ganz anderer Ansatz für Gebote – wenn es an die Gebote geht, verlässt uns sonst doch eher die Freude. Aber Jesus bringt es auch hier auf den Punkt: „Dies ist mein Gebot, dass ihr einander liebt, *gleichwie* ich euch geliebt habe." Er selber macht es uns vor: „gleichwie". Und er legt die Latte! Eine Beliebigkeit, wie sie dem Geist dieser Zeit gefällt, ist einfach nicht angesagt. „Gleichwie" wird uns noch oft begegnen, besonders wenn es um die Qualifizierung von Einheit geht. „Größere Liebe hat niemand als die, dass er sein Leben hingibt für seine Freunde. Ihr seid meine Freunde, wenn ihr tut, was ich euch gebiete." Das hatten wir ja schon, aber wir können es nicht oft genug hören. „Euch habe ich Freunde genannt, weil ich alles, was ich von meinem Vater gehört, euch mitgeteilt habe. Und außerdem habt nicht ihr mich erwählt, sondern ich euch." – Bedenke: Er hat dich *erwählt*!

Das Wort „gleichwie" ist in diesem Buch von zentraler Bedeutung!

„Denn die er vor aller Zeit erkannt hat, die hat er auch vorherbestimmt, dem Wesen seines Sohnes gleich zu sein – eins mit ihm zu sein, damit Jesus der Erstgeborene sei unter vielen Brüdern", von denen du einer bist, ein männlicher oder weiblicher Bruder von Jesus (Römer 8,29). Erkennst du bei deinen Jesus-Geschwistern etwas von der DNA dieser Einheit?

Wir haben ja schon bemerkt: Jesus kündigt seinen irdischen Abgang an. Er will seine Freunde gut darauf vorbereiten. Natürlich können wir heute ihre Lage besser beurteilen als die Jünger damals, wir wissen ja, wie die Geschichte ausging; aber die Jünger waren in ihrer Vorstellung limitiert, gefangen. Immer wieder hatte Jesus zwischendurch geseufzt und gefragt: „Wie lange muss ich noch bei euch sein?“

Im Hinblick auf diese Limitation kündigt Jesus viele Male den Heiligen Geist an, der ist die ultimative Abhilfe für jede Begrenzung.

(Johannes 14,16) „Ich werde den Vater bitten, und er wird euch an meiner Stelle einen Fürsprecher und Helfer senden, der für immer bei euch bleiben wird – den Geist der Wahrheit, den die Welt nicht bekommen kann, weil sie ihn nicht sieht und nicht kennt.“

(16,13) „Wenn aber der Geist der Wahrheit gekommen ist, wird er euch zum vollen Verständnis der Wahrheit führen; denn er wird nicht aus sich selbst reden, sondern nur das, was er hört, und das Zukünftige wird er euch verkündigen.“

(16,26–27) „An jenem Tag, also wenn ihr den Heiligen Geist empfangen habt, werdet ihr bitten in meinem Namen. Nicht dass ich den Vater für euch bitten werde [nicht einmal Jesus ist in diesem Fall als Mittler nötig]; denn der Vater selbst hat euch lieb, weil ihr mich geliebt und geglaubt habt, dass ich von Gott gekommen bin.“

Der Heilige Geist – im deutschsprachigen Raum ein heikles Thema! Da gab es die „Berliner Erklärung“, in der der Heilige Geist als „ein Geist von unten“ bezeichnet wurde. Ich lasse das so undifferenziert einfach mal stehen. Natürlich ist das Ganze komplexer und darüber könnte man traurige Bücher schreiben. Aber es ist nun mal Fakt, dass diese Welt diesen Geist nicht empfangen kann. Welt und Heiliger Geist können sich nicht vermischen; wenn diese beiden aufeinandertreffen, kommt es zu Konflikten – eben auch mit der religiösen Welt. Man kann ihn auch nicht ohne Nebenwirkungen als „einen Geist von unten" bezeichnen.

Der Heilige Geist ist nötig, damit die Nachfolger von Jesus in die ganze Wahrheit geführt werden. Der Geist ist also die Dechiffrierung der Buchstaben. Bibel und BILD-Zeitung unterscheiden sich in Druckerschwärze und Papier kaum: in beiden finden wir eine Unmenge an Buchstaben; eine hat eben größere Schlagzeilen und dazu Bilder. Was ist der Unterschied? Zum BILD-Lesen braucht man nicht unbedingt den Heiligen Geist; für die Bibel aber gilt: „Der Buchstabe tötet, der Geist aber macht lebendig" (2. Korinther 3,6). Erst der Heilige Geist entfaltet ihren vollen Inhalt. Sicher hast du auch schon bemerkt, dass dir durch altbekannte Schriftstellen immer wieder neue Tiefen erschlossen wurden.

Ohne den Heiligen Geist ist die Bibel nicht viel anders als die BILD

Besonders dramatisch wird es, wenn man die Bibel dechiffrieren will mit einem humanistischen Geist und wenn man Gott zu erklären versucht, wie er sein Wort zu verstehen hat – ganz schön anmaßend, wenn die menschliche Vernunft zum Maß der Dinge erhoben wird!

Jeder, der den Heiligen Geist empfängt, kommt in den vollen Genuss seiner Ressourcen (eine Unterscheidung in Laien und Klerus, in welcher Variante auch immer, war nie Teil von Gottes Konzept von Einheit). Dieser Geist wird uns nicht nur in die Wahrheit führen, was die tiefsten Tiefen des Wortes Gottes betrifft, sondern auch Zukünftiges wird er ankündigen. Dazu wurde jeder mit den Gaben des Geistes ausgerüstet, mit übernatürlichen Fähigkeiten; in diesem Fall kommt die Gabe der Prophetie zum Zug.

Im Bericht über Pfingsten sehen wir, welch unvorstellbare Auswirkung der Heilige Geist auf die kleine Gruppe

Die Kooperation kraftloser Formen ist nicht die Einheit, die Jesus meint

von Christen hatte: Der verängstigte Haufen wurde mit himmlischer Kraft erfüllt und war von Stund an der lebendige Beweis dafür, dass Jesus auferstanden ist.

Das wird sich nicht ändern, bis Jesus wiederkommt. Oder doch? Achtung, Warnhinweis: Wir betrüben den Heiligen Geist, wenn wir mit anderen Geistern sympathisieren – z. B. mit einem religiösen Geist, der seine Gläubigen durch Ersatzformen am Ziel vorbeischrammen lässt. Oder eben mit dem humanistischen Geist, dann werden wir dem Zeitgeist gegenüber kraftlos und lächerlich erscheinen – und suchen die Kooperation mit den anderen kraftlosen und lächerlichen Formen. Auch eine Art der Einheit, nur leider nicht die, die Jesus gemeint hat.

Einheit wird es auch da nicht geben, wo der Heilige Geist eingeschränkt wird. Un-Einheit ist sehr oft in Lehrunterschieden begründet. Das Problem ist: Wir haben alle verschiedene Lehrer. Hätte man verstanden, dass der Heilige Geist *der* Lehrer ist, dann wäre es mit der Einheit viel einfacher: Zu einer strittigen Lehrfrage würden alle den Lehrer „Heiliger Geist" fragen, was er denn zu diesem Thema sagt. Da dieser eine Geist nicht jedem etwas anderes erzählen würde, gäbe es lauter zusammenpassende Antworten, die aus Stückwerks-Erkenntnis etwas Ganzes entstehen lassen würden.

Was steht nun wirklich in Johannes 17?

Dieses Kapitel ist bekannt als das „Hohepriesterliche Gebet Jesu“. Es hat etwas Finales, ist so etwas wie ein Vermächtnis, denn Jesus wusste: der nächste Schritt würde Gethsemane sein. „Vater, die Stunde ist gekommen.“ Anders als alle anderen Beteiligten hat Jesus genau gewusst, was nun kommt. Aber er wusste auch, worauf alles hinausläuft. Er wusste, was mit „Herrlichkeit“ gemeint war, denn er hatte sie schon, bevor die Welt war und es Sünde gab. Wenn wir von Herrlichkeit hören, dann können wir nur von den kleinen Kostproben zehren, mit denen einige von uns gesegnet wurden. Diese Herrlichkeit ist so etwas unvorstellbar Gigantisches, sie vereinigt alles Göttliche in sich: Gottes Natur, seine Kraft, seinen Charakter und vor allem seine Liebe.

Jesus erkennen! Als Adam Eva erkannte, wurde sie schwanger …

… damit der Sohn deine Herrlichkeit offenbart

(17,1–2) „Vater, lass jetzt die Herrlichkeit deines Sohnes sichtbar werden, die ich bei dir hatte, ehe die Welt war (V. 5), damit der Sohn dich verherrliche, wie du ihm Vollmacht über die ganze Menschheit gegeben hast, dass er allen, die du ihm gegeben hast, ewiges Leben gebe! Dies aber ist das ewige Leben, dass sie dich, den allein wahren Gott, und Jesus Christus, den du gesandt hast, erkennen.“ – Kennst du Jesus?

Erkennen – das umfasst alle Sinnen. Adam erkannte seine Frau Eva, und sie wurde schwanger. So intensiv sollen wir Christus erkennen! Wenn ein Mann seine Frau erkennt, dann werden die zwei *ein* Fleisch sein (1. Mose 2,24). Wer aber dem Herrn anhängt, der ist ein Geist mit ihm (1. Korinther 6,17). Was hier angedeutet wird, ist die tiefste Vereinigung, die es überhaupt nur geben kann! In Epheser 5,32 nennt Paulus das ein großes Geheimnis und deutet es auf Christus und die *ekklesia*. Wir werden noch sehen, dass das der Nukleus für Einheit überhaupt ist.

Deine Notizen

Um was hat Jesus nun gebetet in Johannes 17?

Als Erstes sagt Jesus, worum er *nicht* bittet: „Ich bete nicht für die Welt." Dazu zählt er auch alle religiösen Systeme dieser Welt. Du kennst ja die Auseinandersetzungen mit den Theologen seiner Zeit: Jesus konnte gut umgehen mit Huren und Geldeintreibern, aber bei den Schriftgelehrten rastete er aus (Matthäus 23): Weh euch, Schriftgelehrte und Pharisäer, ihr Heuchler, ihr verschließt das Reich Gottes vor den Menschen! ... Weh euch, ihr blinden Führer, ihr Schlangenbrut, ihr Otterngezücht! Wie wollt ihr der höllischen Verdammnis entrinnen?

Es gibt einen gewissen Trend, Kirche nach den Wünschen der Welt zu gestalten. Durch Marktanalysen werden Bedürfnisse erkannt und diesen will man dann mit passenden Kirchenprogrammen begegnen. Eine Erkenntnis, nur als Kostprobe: Aufgeklärten Menschen könne man manche biblischen Inhalte einfach nicht mehr zumuten.

Im Grundlagentext des Rates der EKD „Rechtfertigung und Freiheit – 500 Jahre Reformation 2017" lesen wir: „Seit dem siebzehnten Jahrhundert werden die biblischen Texte historisch-kritisch erforscht. Deshalb können sie nicht mehr so wie zur Zeit der Reformatoren als ‚Wort Gottes' verstanden werden. Die Reformatoren waren ja grundsätzlich davon ausgegangen, dass die biblischen Texte wirklich von Gott selbst gegeben waren. Angesichts von unterschiedlichen Versionen eines Textabschnitts oder der Entdeckung verschiedener Textschichten lässt

Wenn „sola scriptura" heute nicht mehr gelten kann, was dann?

sich diese Vorstellung so nicht mehr halten. Damit aber ergibt sich die Frage, ob, wie und warum *sola scriptura* auch heute gelten kann." So weit die EKD.

„Und seid nicht gleichförmig dieser Welt, sondern werdet verändert durch Updates eures Denkens, damit ihr überhaupt mitbekommt, was der Wille Gottes ist: das Gute und Wohlgefällige und Vollkommene" (Römer 12,2).

Einheit mit der Welt, also mit ihren Philosophien und Denkkonzepten, ist in der „Gleichwie-Einheit" nicht vorgesehen ... Seid nicht gleichförmig, macht euch nicht eins damit.

(Johannes 17,9–11) „Ich bitte für die, welche du mir anvertraut hast, denn sie sind dein – und alles, was mein ist, ist dein –; an ihnen zeigt sich meine Herrlichkeit." Jesus betet hier nur für die, die durch sein Erlösungswerk erkauft sind, die ihm gehören. „Und ich verlasse die Welt, aber diese bleiben in der Welt; ich aber komme zu dir, heiliger Vater!"

Nur zum Verständnis: Hier wird der Vater-Gott im Himmel angesprochen, nicht jemand in Rom. „Ihr sollt hier auf Erden niemandem den Ehrentitel ‚Vater' geben; denn einer ist euer Vater: der im Himmel" (Matthäus 23,9). Alles recht unmissverständlich und für jedermann gut nachzulesen.

Die erste Bitte

„Bewahre sie in der Macht deines Namens, den du mir gegeben hast“ (Johannes 17,11).

Wir hatten am Anfang schon einige Aussagen zu „in seinem Namen“; hier können wir das vertiefen: Jesus wünscht sich, dass wir in seinem Namen auftreten und nicht im Namen der evangelischen, katholischen, baptistischen, pfingstlichen oder einer der anderen 46 000 Organisationen. Dabei ist wichtig zu verstehen: Nichts gegen Organisationen, aber hier geht es um die Identität – die Frage danach, wer wir sind. Ist unsere Identität in Jesus Christus begründet – oder doch eher in einer Organisation? Nun, in diesem Falle hätten wir durchaus Grund zu Parteiungen: „Ich bin für Bayern München“, „Ich bin für FC Schalke 04“ – manchmal begegnen sich solche Fanclubs ganz schön aggressiv.

„Denn wenn Eifersucht und Zank unter euch sind, lebt ihr da nicht nach Menschenweise? Einer sagt: Ich gehöre zu FC St. Paulus, der andere: Ich zu Real Apollos, der dritte: Ich zu VfL Kephas, der vierte: Ich zu Ajax Christus. Wie? Ist Christus als der Leib etwa zerteilt?“ (1. Korinther 1,12; 3,3.)

In wessen Namen wir auftreten können, dessen Autorität repräsentieren wir. Ein Botschafter einer Regierung tritt in Namen des Regierenden auf und spricht aus, was dieser beschlossen hat.

Ein anderes Beispiel: Stell dir vor, du bekommst die Kreditkarte von Bill Gates und kannst in seinem Namen darüber verfügen. „Bewahre sie in der Autorität des Namens, den du mir gegeben hast.“ Diese Bitte

Bewahre sie in der Macht deines Namens

Wenn du die Kreditkarte von Bill Gates unlimitiert nützen könntest ... aber in Wirklichkeit hast du die Karte von Jesus!

tritt dafür ein, dass du nicht aus dem Privileg herausfällst, im Namen Jesu Christi auftreten zu dürfen. Er ist der König der Könige und ihm gehört jede Macht und Gewalt. Du darfst in seinem Namen auftreten und aussprechen, was er beschlossen hat: „Sein Wille geschehe! Und zwar hier auf Erden, und das so wie im Himmel – ohne Widerspruch!“ Kommt dir doch irgendwie bekannt vor? Vaterunser? „Dein Wille geschehe!“ Ja, nur hier klingt das plötzlich ein wenig anders. Daher ist es auch notwendig, dass wir tun, was er uns sagt. Dieser Teil im „Vaterunser“ ist unter diesem Gesichtspunkt viel mehr als eine Bitte, wie du inzwischen sicher bemerkt hast: Du sprichst aus, was sein Wille ist.

„Bis jetzt habt ihr nichts in meinem Namen gebeten. Macht das doch, und ihr werdet empfangen, damit eure Freude vollkommen sei!“ (Johannes 16,24.)

Damit wir das nicht falsch verstehen: Wenn wir an jedes Gebet ein „Im Namen Jesu!“ anhängen, muss es deshalb noch lange nicht in seinem Namen gebetet sein. „Viele werden an jenem Tage zu mir sagen: Herr, Herr! Haben wir nicht durch deinen Namen geweissagt und durch deinen Namen, Dämonen ausgetrieben und viele Wunderwerke getan? Und dann werde ich ihnen sagen müssen: Ich habe euch nie gekannt“ (Matthäus 7,22).

Es ist schon notwendig, dass wir mit gedeckten Schecks arbeiten.

„So viele Jesus aufnahmen, denen gab er Vollmacht – Autorität –, Kinder Gottes zu werden“ (Johannes 1,12) und somit seinen Namen zu tragen. Bist du in diese Beziehung hineingeboren? Wer nicht von Neuem geboren ist, kann das Reich Gottes nicht sehen (3,3) – er ist also kein Teil davon, kann damit auch nicht eins sein mit denen, die ihm angehören.

Wie das mit dem „Im Namen Jesu“ zu verstehen ist, wird gut veranschaulicht in Apostelgeschichte 4,1.17:

Nachdem einige Leute geheilt wurden und gerade wieder 5000 Männer (dazu noch viele Frauen und Kinder) gläubig wurden, mussten sich Petrus und Johannes vor Gericht verantworten: *„In welcher Kraft oder in welchem Namen* habt ihr dies getan?“ Sie antworteten: „Im Namen Jesu Christi, des Gekreuzigten, den Gott auferweckt hat von den Toten. In keinem anderen Namen ist das Heil; denn es ist kein anderer Name unter dem Himmel, in dem wir gerettet werden müssen.“ Es wurde ihnen daraufhin streng verboten, weiter im Namen Jesu zu reden.

Du siehst: Es hat wirklich Kraft, wenn man im Namen Jesu auftreten darf. Es gibt keinen noch höheren Namen, in dem irgendjemand auftreten könnte.

Stell dir vor, Christen treten im Namen Jesu auf. Zum Beispiel: Jesus Hans Huber, Jesus Grete Mayer, Jesus Markus Fischer, Jesus Hannelore Bauer und Jesus Johannes Seiler – alle tragen denselben Namen, alle sprechen aus, was der König ihnen aufgetragen hat – wie „eins“ wären die? Daher bittet Jesus als Erstes: Bewahre sie in deinem Namen, den du mir gegeben hast.

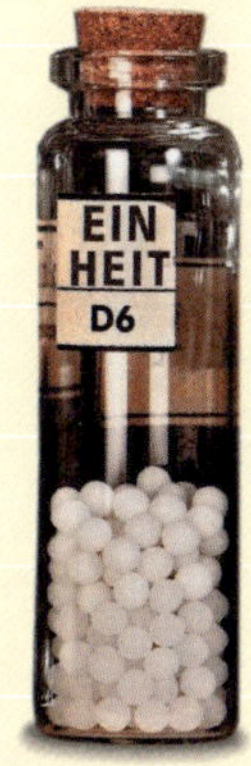

Die zweite Bitte

Bewahre sie vor dem Bösen, vor dem heidnischen vor heidnischen Einflüssen, humanistischem Denken und religiösen Mustern

„Bewahre sie vor dem Bösen“ (Johannes 17,15). Der Böse geht nämlich umher wie ein brüllender Löwe und schaut sich um, wer sich verschlingen lässt. Eines, was der ganz sicher nicht leiden kann, wäre Einheit! Die zu verhindern, darin ist er seit Jahrtausenden Profi. Die Vermischung mit Heidnischem, der Einzug des humanistischen Geistes oder die dogmatischen Einseitigkeiten und manches andere sind solche Wirkungen des Bösen, die diese Bitte uns ersparen will.

Demgegenüber gibt es unter Christen die Ansicht, dass Satan im Leben eines Gläubigen keine Rolle spielen könne. Diesen Geschwistern gilt der gute Rat: Wacht auf!

Nicht umsonst beten wir im Vaterunser: „Führe uns, dass wir in den Versuchungen nicht fallen, und errette uns vor dem Bösen.“ Das sollen Gläubige beten, oder etwa nicht? Satan, der alte Fuchs, kommt immer wieder mit der alten Frage „Sollte Gott gesagt haben?“ und hat dazu immer ein leicht verdrehtes, verlockendes Angebot parat. Wenn du nicht fest gegründet bist und ihm entgegnen kannst: „Es steht geschrieben!“, dann hat er dich schon am Kragen.

Am Anfang seines Briefes schreibt Jakobus: „Seht es als einen ganz besonderen Grund zur Freude, wenn ihr in Versuchung geratet.“ Du hast dich sicher auch schon gefragt, was einen daran freuen soll. Ich sage es dir: Die Freude besteht darin, dass du an deine eigenen Grenzen kommst und deinen Glauben „versuchen“, also ausprobieren kannst, ob er der Sache schon gewachsen ist. In diesem Fall wird der Teufel dann zu einem Sparring-Partner für dich, einer, mit dem du deine Kräfte messen kannst (aber nur zu diesem Zweck!), und du wirst bewährt in deinem Glauben – wenn du die Prüfung bestehst.

Daher schreibt Paulus an die Epheser (4,27): „Gebt dem Teufel keinen Raum!“ Mach ihn nicht zu deinem Untermieter! Das meinte Paulus nicht rhetorisch und theoretisch; das ist leider gang und gäbe. Darf ich dich schockieren? Jede Kirche hat ein festes Kontingent an Räumen an den Teufel untervermietet! Der größte davon ist meist der Raum des Unglaubens, ein anderer großer ist der Raum des Nachtragens, des Nicht-Vergeben-Wollens. Dann gibt es überall noch Räume der Lieblosigkeit, der Kompromisse, der toten Werke und der Gleichgültigkeit, um nur einige zu nennen. Damit hat der Teufel das traditionelle Christentum ganz gut im Griff und stellt sicher, dass es in dem lauen Status verharrt und für die Ausbreitung des Reiches Gottes wenig Wirkung zeigt.

Nun könnten wir vielleicht einwenden, dass das nur die anderen betreffe. Sicher? Aber auch bei dir spielt die Gefahr des Bösen keine geringe Rolle, deshalb hat Jesus auch für dich gebetet – er will auch dich bewahren. Sei also wachsam! Wer glaubt zu stehen, der sehe zu, dass er nicht falle (1. Korinther 10,12). Jesus bittet nicht darum, dass wir aus der Welt „weggenommen“ werden, vielmehr betont er: Wenn er nicht mehr hier ist, dann sind wir es, die nun den Platz an seiner Stelle in dieser Welt einnehmen. Deshalb werden wir geradezu gehasst – aber dagegen betet er nicht, das sollten wir offensichtlich als normal hinnehmen. Verfolgung ist also eine zu akzeptierende Begleiterscheinung. Jesus will nicht, dass wir uns in ein Kloster zurückziehen, und auch nicht, dass wir uns hinter Kirchenmauern verstecken.

Das unmittelbare Spiel des Bösen, vor dem Jesus dich bewahren will, spielt sich ganz in deiner nächsten Nähe ab. Wenn du verheiratet bist: Könnt ihr als Paar das Potenzial nützen, dass ihr *ein Fleisch* geworden seid – seid ihr auch *eins im Geist*? Der Böse wird alles auffahren, um hier Störmanöver zu veranstalten: Man hat nicht genügend Zeit füreinander, man redet nicht über heikle Bereiche. Gemeinsames Gebet und geistlicher Austausch kommen zu kurz.

Wenn es bei den kleinsten Zellen von zwei oder drei gelingt, Einheit zu verhindern, wird es auch im Großen keine Einheit geben.

Nur worin wir im Kleinen treu sind, werden wir auch auf einer größeren Ebene Erfolg haben (Matthäus 25,23): „Weil du im Geringsten treu warst, sollst du Autorität über zehn Städte bekommen" (Lukas 19,17).

Das Schlimmste, was dem Feind passieren könnte, wäre tatsächlich *Einheit*.

Daher tut er alles, um echte Einheit zu verhindern, zum Beispiel produziert er schillernde Imitate. Vieles, was heute als „Einheit" verkauft wird, ist doch nur eine schlechte Raubkopie.

Die Tasten, auf denen der Feind Klavier spielt

Paulus schreibt darüber an die Christen in Galatien: Sichtbar sind die fleischlichen Werke ; und zwar folgende: Unzucht, Hurerei, Unreinheit, Ausschweifung, Götzendienst, Zauberei, Feindschaften, Streit, Eifersucht, Zornausbrüche, Selbstsucht, Zwistigkeiten, Parteiungen, Neid, Trinkgelage, Völlereien und dergleichen. Wer sich damit abgibt, der wird das Königreich Gottes nicht erben (Galater 5,20–21).

Jakobus spricht die Christen in der Gemeinde direkt an – und er bezeichnet als teuflisch, was wir gerne als „menschlich-allzumenschlich" bemänteln: Wenn ihr bittere Eifersucht und Neid und Eigennutz und Streitsucht in eurem Herzen habt, so bildet euch darauf nichts ein – und vor allem lügt auch nicht! Dies ist nicht himmlische

Weisheit, sondern das ist irdisch, sinnlich, teuflisch und dämonisch. Das bewirkt Zerrüttung und ist Quelle jeder schlechten Tat (Jakobus 3,14–16).

Wir müssen uns eingestehen: Damit sind wir gemeint! Es genügt eines dieser „Werke des Fleisches“, um das Erbe zu verspielen. Wenn wir aber unsere Sünden bekennen, ist er treu und gerecht, dass er uns die Sünden vergibt und uns reinigt von jeder Ungerechtigkeit (1. Johannes 1,9). Das betrifft uns alle, da spielt es keine Rolle, ob jemand mit allen dieser den Galatern genannten Punkte kämpft oder nur mit einem – er wäre nicht besser, jeder von uns braucht Vergebung. Der Stolz möchte uns daran hindern; wir tun so gerne, als wäre alles in Ordnung. Aber dem Stolzen widersteht Gott. Da hast du schlechte Karten, wenn du Gott gegen dich hast! Stolz ist böse, ziemlich böse sogar. Daher bitte mit Jesus: Bewahre mich vor dem Bösen – und das Vaterunser-Modul gleich dazu: damit ich in der Versuchung nicht falle und vor dem Bösen gerettet werde.

Der Stolz hindert uns, Sünde zuzugeben. Dem Stolzen widersteht Gott – dann hast du wirklich schlechte Karten

Die dritte Bitte

Heilige sie durch die Wahrheit, dein Wort ist die Wahrheit

Heilige sie durch die Wahrheit, dein Wort ist die Wahrheit (Johannes 17,17). Wenn in einer Denomination die unanfechtbare Autorität des Wortes Gottes relativiert wird, dann erübrigt sich doch alles Weitere, nicht wahr? Denn Christus selbst ist das Wort Gottes und der Geist Gottes leitet in die ganze Wahrheit. Aber was ist heute noch Wahrheit?, fragt so mancher aufgeklärte Christ.

Diese Welt ist von einem humanistischen Geist durchdrungen, der die Vernunft des Menschen zum Maß aller Dinge erhoben hat. Da kann es keine absolute Wahrheit mehr geben. Da ist auch nichts mehr heilig. Für die Welt ist das Wort Gottes anstößig. Wenn sie keinen Anstoß nimmt, dann ist das fast schon ein Zeichen, dass an dem Wort, das wir vermitteln, etwas nicht stimmt. Werdet nicht gleichförmig der Welt! (Römer 12,2.)

„Ich habe ihnen dein Wort weitergegeben, und nun hasst sie die Welt, weil sie nicht von der Welt sind, wie ich nicht von der Welt bin. Ich bitte nicht, sie aus der Welt herauszunehmen, sondern dass du sie bewahrst vor dem Bösen. Sie gehören nicht zur Welt, so wenig wie ich zur Welt gehöre. Heilige sie durch die Wahrheit! Dein Wort ist Wahrheit. Wie du mich in die Welt gesandt hast, habe auch ich sie in die Welt gesandt; und ich heilige mich selbst für sie, damit auch sie Geheiligte seien durch Wahrheit und ihr Leben ganz dir geweiht ist“ (Johannes 17,13–19).

Damit haben wir so etwas wie den Status eines Außerirdischen, wir sind Aliens. Wir sind nicht *von* dieser Welt, wenn wir Teil des Königreiches Gottes sind. Wir sind aber mitten *in* dieser Welt, um ein lebendiger Ausdruck dieses Reiches zu sein. Heilig sein bedeutet nicht, mit einem Heiligenschein Leuchteffekte zu erzielen.

Heilig sein bedeutet: von dem System dieser Welt herausgenommen sein, unabhängig, nicht mehr von ihm beeinflussbar.

Zur Erfüllung dieser Bitte hat Jesus den Heiligen Geist gesandt. Den übernatürlichen, außerirdischen Heiligen Geist haben wir so bitter nötig, wenn wir etwas von der „Wahrheit" mitbekommen wollen. Doch das übersteigt unsere Vernunft, daher haben Menschen gerade im deutschsprachigen Raum damit gewisse Probleme. Was in ihren Augen nicht „vernünftig" ist, das hat es schwer, Akzeptanz zu finden. Aber ein großer Teil der Wahrheit übersteigt einfach das, was die Vernunft erfassen kann. Erst aus der Offenbarung durch den Geist Gottes kann dann auch die Vernunft gespeist werden, aber nicht umgekehrt.

Der Vater wird euch den Helfer geben, den Geist der Wahrheit, den die Welt nicht empfangen kann, weil sie ihn nicht sieht noch ihn kennt. Ihr kennt ihn, denn er bleibt bei euch und wird in euch sein (14,17). Wenn aber jener, der Geist der Wahrheit, gekommen ist, wird er euch in die ganze Wahrheit leiten; denn er wird nicht aus sich selbst reden, sondern vermittelt, was er hören wird, und das Kommende wird er euch mitteilen (16,13).

Dieses dritte Gebet will uns aus dem System der Welt befreien und uns in die Lage versetzen, zu unterscheiden. Nicht alles was glänzt, ist Gold. Nicht alles, wo „Einheit" draufsteht, ist tatsächlich Einheit. Mit dieser Bitte will Jesus uns frei machen von der Abhängigkeit, „weltlich" zu ticken. Du musst auch nicht mehr als 20 Jahre nach deinem Tod darauf warten, bis dein Heiligsprechungs-Prozedere im Vatikan abgeschlossen ist.

Ihr Lieben, glaubt nicht jedem Geist, sondern prüft sie, ob sie von Gott sind; denn viele falsche Propheten sind in der Welt [aber auch viele richtige, sonst bräuchtest du ja gar nicht erst zu prüfen]. Daran erkennt ihr den Geist Gottes: Ein jeder Geist, der Jesus Christus als das fleischgewordene Wort bekennt (Johannes 1,14), der ist von Gott; und jeder Geist, der Jesus nicht so bekennt, ist es eben nicht. Und das ist der Geist des Antichrists, von dem ihr gehört habt, dass er kommen werde; er ist jetzt schon in der Welt. Kinder, ihr seid von Gott und habt jene überwunden; denn der in euch ist, ist größer als der, der in der Welt ist. Sie sind von der Welt und reden wie die Welt, und die Welt hört sie. Wir sind von Gott, und wer Gott erkennt, der hört uns; wer nicht von Gott ist, der hört uns nicht. So unterscheiden wir den Geist der Wahrheit und den Geist des Irrtums (1. Johannes 4,1–6).

Willst du den Geist der Wahrheit vom Geist des Irrtums unterscheiden können?

Schon im ersten Jahrhundert skizziert Johannes hier die historisch-kritische Theologie, wie sie die Leitung der Evangelischen Kirche in Deutschland (EKD) vertritt.

Wenn Jesus bittet: „Heilige sie durch die Wahrheit des Wortes“, dann bittet er darum, dass wir aus dieser antichristlichen Verirrung herausgenommen werden. Du kannst diese Entwicklung zwar nicht aufhalten, aber du selber kannst verändert werden – und durch dich dein ganzes Umfeld.

Werde verändert durch die Erneuerung deines Denkens, damit du ernsthaft prüfen kannst, was der Wille Gottes ist: das Gute und Wohlgefällige und Vollkommene (Römer 12,2).

Was diese drei Bitten bewirken sollen

Jesus betet, dass wir in seinem Namen bleiben, vor dem Bösen bewahrt werden und geheiligt werden in der Wahrheit, in seinem Wort –

DAMIT

wir alle eins sein können. – Ist einer dieser drei Bereiche vakant, ist die Einheit gefährdet oder überhaupt nicht möglich. – Sind wir in seinem Namen, dann brauchen wir nicht in einem anderen Namen zu agieren. Sind wir bewahrt vor dem Bösen, dann kann dieser uns nicht korrumpieren. Sind wir durch die Wahrheit aus dem System dieser Welt herausgenommen, dann werden uns die Festungen der humanistischen Gedankengebäude nicht zum Verhängnis. Das Ergebnis ist dann Einheit! Einheit ist somit die logische Frucht.

Das ist der Grund, warum Jesus nicht einfach platt „*um* Einheit“ gebetet hat – „Vater, mach sie eins“ –; er hat um die Rahmenbedingungen gebetet, *damit* Einheit überhaupt möglich sein kann. Wir lieben Abkürzungen, aber wenn jemand etwas von diesen Zusammenhängen versteht, dann der Heilige Geist. Er möchte uns in die ganze Wahrheit führen, auch in dieser Hinsicht.

Jesus hat um die Rahmenbedingungen gebetet, damit Einheit überhaupt möglich werden kann

Daher sollten wir dieses „Hohepriesterliche Gebet“ uns zum Modell machen, ähnlich wie das Vaterunser, und uns auch in unserem persönlichen Gebet immer wieder daran entlanghangeln:

Bitte darum, dass du in seinem (Jesu) Namen bewahrt bleibst.

Bitte darum, dass der Vater dich vor dem Bösen bewahrt.

Bitte um Heiligung durch die Wahrheit, das lebendige Wort Gottes, Jesus Christus. Bitte um die Leitung des Heiligen Geistes, der dich in die ganze Wahrheit führen möchte.

Das alles betraf nicht nur die Jünger, die damals unmittelbar mit Jesus unterwegs waren.

„Ich bitte [diese drei Bitten] nicht nur für diese allein, sondern auch für alle, welche durch das von ihnen verkündigte Wort an mich glauben, *damit* sie alle eins seien, gleichwie du, Vater, in mir und ich in dir, dass auch sie *in uns* eins seien. Ich bete diese drei Bitten, *damit* die Welt glaube, dass du mich gesandt hast" (Johannes 17,20–21).

Hier steht es schwarz auf weiß: Diese drei Bitten gelten auch heute noch explizit für dich und für mich. Die Nachfolger Jesu wurden durch das Wort Gottes geheiligt und wurden selbst zum lebendigen Wort, durch das wieder viele andere zum Glauben kamen. Das Wort wurde Fleisch (1,17) – auch in dir! Das Wort Gottes ist auf fleischerne Tafeln geschrieben (2. Korinther 3,3), es kann also an dir gelesen werden. Und viele, die von Petrus das Wort gehört hatten, wurden gläubig; und die Zahl der Männer stieg auf etwa fünftausend (Apostelgeschichte 4,4). Die waren unter den Ersten, die durch das Wort der Jünger gläubig wurden, und sie alle hat Jesus auch gemeint bei diesen Bitten.

Einheit – was ist das eigentlich?

Hier müssen wir sicher massiv umdenken. Wir sind schnell mal froh, wenn ein paar Christen zusammenkommen, miteinander beten und Gott loben und preisen. Das ist absolut gut, keine Frage. Aber weil es so schön ist, sind wir schnell zufrieden und meinen dann, das wäre es schon.

Es geht zuerst um die Einheit mit Jesus – und um sonst gar nichts!

(Und auch das: Einheit – fast schon ein abgedroschener Ausdruck. Haben wir noch die Ehrfurcht, die diesem unbeschreiblichen Sachverhalt gebührt?)

Um sie abzuheben von dem Wust von verschieden verstandener Einheit, nenne ich die Einheit, um die es in Johannes 17 geht, die „Gleichwie-Einheit".

Aber noch einmal die Frage: Was genau steht in diesen Versen von Johannes 17?

Also die drei Bitten von Jesus befassen sich mit der Grundlage: *damit* sie alle eins sein können, *gleichwie* der Vater mit Jesus und Jesus mit dem Vater, dass auch sie alle eins sind mit dem Vater und mit Jesus. Also da steht nicht, dass die Christen untereinander eins sein sollen. Diese Interpretation hat uns bisher unter Druck gebracht: „Ich muss mit diesem Bruder, mit dieser Schwester eins sein, aber die haben doch einen ganz anderen Glaubensschwerpunkt. Außerdem, diese schiefe Nase und der Mundgeruch ..." Wir sind geneigt, eher danach Ausschau zu halten. Aber hier geht es um die *Einheit mit Jesus* und vorerst um sonst gar nichts! Versuche das mal auseinanderzuhalten.

Darum steht hier „gleichwie“ – weißt du, was das bedeutet? Das ist eine Aussage, die unseren Verstand wieder bei Weitem übersteigt. „Gleichwie“, das ist ein Maß, dessen Skala wir nicht wirklich kennen.

„Gleichwie“ – erinnerst du dich noch an den Mathematikunterricht? An die Gleichungen? Kannst du noch die Energieformel? $e = mc^2$? Das links vom Ist-gleich-Zeichen muss dem rechts davon gleich sein. Diese Überlegung hat mich inspiriert, das auf Johannes 17 anzuwenden. Dazu habe ich eine hochmathematische Formel entwickelt (zur Veranschaulichung verweise ich auf mein kurzes Video „Höhere Mathematik für einfache Christen“, youtu.be/FigVB1p-2-0).

Diese Formel lautet: 1 = 1 = 1

Siehst du die hohe Mathematik hier? Das ist so überwältigend, dass man es beinahe für blasphemisch halten könnte. Aber in Johannes 17,21 steht genau das:

Gott der Vater *ist gleich* Jesus *ist gleich* Gläubiger durch das Wort.
Wer Jesus sieht, sieht den Vater,
und wer dich sieht, der sieht Jesus.

So verstehen wir etwas besser, was das bedeutet: *damit* die Welt erkennt, dass der Vater Jesus gesandt hat – nämlich weil sie in dir Jesus sieht! Laut diesem Vers bist du *gleich wie* Jesus, wenn du mit ihm so eins bist, wie es hier beschrieben wird. Du hast bemerkt, der Fokus geht ganz auf Jesus. Es geht um die Einheit *mit Jesus*, dem Auferstandenen, dem König der Könige, dem alle Macht gegeben ist im Himmel und auf Erden. In dieser Einheit kannst du in seinem Namen auftreten, dem Namen, der über alle Namen ist, heute und in Ewigkeit. Ein Superlativ nach dem anderen.

Als ob das nicht schon genug wäre für unser Fassungsvermögen – da legt Jesus noch einen Superlativ drauf. Wie wichtig muss es ihm sein, dass wir dieses finale Gebet erfassen, das er kurz vor Gethsemane gesprochen hat!

„Die Herrlichkeit, die du mir gegeben hast, die ich bei dir hatte, ehe die Welt war (V. 5), habe ich auch ihnen gegeben, *damit* sie eins seien, wie wir eins sind – ich in ihnen und du in mir –, *damit* sie zur vollen Einheit gelangen, *damit* die Welt erkennt, dass du mich gesandt und sie geliebt hast, wie du mich geliebt hast" (17,22–23). Wieder betet Jesus nicht um Einheit, sondern er gibt dir etwas: seine unvorstellbare Herrlichkeit, *damit* ...!

Weißt du, was diese Herrlichkeit beinhaltet, die Jesus hatte, bevor die Welt war, bevor es Sünde gab? Ich weiß es nicht. Es ist so unvorstellbar, es übersteigt alles, was wir in unserem Repertoire haben. Diese Herrlichkeit hat er uns gegeben, *damit* wir mit ihm eins sein können, wie er mit dem Vater eins ist.

Er bittet nicht um etwas, er gibt dir gleich seine ganze Herrlichkeit!

Auch das ist wieder mathematisch logisch: Um „gleichwie" zu sein, müssen wir die Herrlichkeit haben, die Jesus hat, sonst wären wir nicht „gleichwie".

Und das gilt auch für uns untereinander – wenn du die Herrlichkeit bekommen hast, und dein Bruder und deine Schwester auch, wer hat dann mehr und wer weniger, worüber man dann streiten, sich entzweien könnte?

Wir alle aber schauen mit unverhülltem Gesicht die Herrlichkeit des Herrn an und werden so in unserem Wesen verändert in dasselbe Bild – „gleichwie" – von Herrlichkeit zu Herrlichkeit, wie es vom Herrn, dem Geist, bewirkt wird (2. Korinther 3,18). Wir schauen den Herrn an und werden verwandelt in „gleichwie" er ist.

Es geht um Jesus Christus. Er ist das Zentrum. Wenn Einheit, dann die, mit ihm eins zu sein!

Bitte erlaube dieser Dimension, in deine Erwartung zu kommen. Wir denken zu sehr von den uns bekannten Möglichkeiten aus. Aber was kein Auge gesehen hat und kein Ohr gehört – kein Mensch konnte es sich jemals auch nur vorstellen, was er denen bereitethält, die ihn lieben (1. Korinther 2,9). Und das hast du noch nie gehört noch gesehen. Dafür fehlt dir jeder Vergleich.

Der nächste Superlativ lässt nicht auf sich warten! Kannst du noch? – Es ist kaum auszuhalten, wie sehr uns unser Herr und König überschüttet mit seiner Liebe und der tiefen Sehnsucht, mit uns eins zu sein!

„Vater, ich will, dass die, welche du mir gegeben hast, auch dort sind, wo ich bin, damit sie meine Herrlichkeit sehen, die du mir gegeben hast, denn du hast mich schon vor Erschaffung der Welt geliebt“ (Johannes 17,24).

Hier bittet Jesus nicht, sondern er sagt ganz bestimmt: „Ich will!“ Er will, dass wir jetzt schon, bevor wir sterben, auch dort sind, wo er ist. Wo ist Jesus? Er ist im Himmel und sitzt zur Rechten des Vaters. Und da will er uns auch haben, damit auch wir diese Herrlichkeit sehen. Warum? Weil er uns liebt mit der Liebe des Vaters.

Um Jesu Herrlichkeit zu sehen, müssen wir unsere Position ändern. Schauen wir von der Position aus, wo Jesus ist, zur Rechten des Vaters auf dem Thron.

„Zusammen mit Jesus Christus hat er uns vom Tod auferweckt, und zusammen mit ihm hat er uns schon jetzt einen Platz in der himmlischen Welt gegeben, damit er in den kommenden Zeitabschnitten den überragenden Reichtum seiner Gnade und Güte an uns sichtbar macht“ (Epheser 2,6–7).

Das alles, damit die Liebe, mit der der Vater Jesus geliebt hat, und Jesus selbst in allen von uns ist (Johannes 17,26).

Danach wird Jesus gefangen genommen und alles nimmt seinen Lauf.

Wo fängt Einheit an?

Man kann auf die 46 000 Denominationen blicken – und resignieren. Man kann warten, bis jemand eine Initiative ergreift. Aber heute wird dir die Lösung verraten, eine gigantische Offenbarung:

Einheit fängt bei dir an!

Wir haben es schon erwähnt: Wer im Kleinen treu ist, wird größere Verantwortung bekommen. Das gilt auch hier. Du siehst sicher bei dieser und jener Kirche berechtigten Grund zur Kritik, aber wenn du nur darüber sprichst, wirst du nichts verändern.

Du hast schlechte Erfahrungen gemacht, vielleicht kennst du so etwas wie geistlichen Machtmissbrauch, und hast dich zurückgezogen – du willst mit dem ganzen Theater nichts mehr zu tun haben. Das ist alles verständlich, aber das ist nicht die Lösung. Man kann sicher ein weiteres Buch darüber schreiben, was alles schiefgegangen ist in der Christenheit. Aber es ist besser, sich auf das zu konzentrieren, was Jesus vorbereitet hat und in dem wir jetzt leben können.

Im Basis-Bastelkasten für Einheit braucht man erst mal nur zwei oder drei Leute, um Einheit auszuprobieren, zu entdecken und zu üben. Wärst du zu so einem Versuch bereit?

„Wo zwei oder drei in meinem Namen …" Das mit dem Namen hatten wir schon auf Seite 31, bitte noch mal nachlesen. „Wo zwei oder drei im Namen von Jesus zusammen sind, da ist er dann auch in deren Mitte" (Matthäus 18,20).

Wenn Einheit dich wirklich interessiert, dann starte ein „Einheits-Entwicklungs-Labor": Such dir zwei Leute, die bereit sind, etwas Ausdauer aufzubringen. Trefft ein verbindliches Abkommen, dass ihr herausfinden wollt, ob

Für Einheit braucht man nur zwei oder drei Leute. Wärst du bereit, das auszuprobieren?

es sich im praktischen Leben von euch dreien wirklich so verhält, wie es im Wort Gottes aufgeschrieben ist.

Wenn du dich einfach an die Schrift hältst, ist alles unkompliziert

Gehen wir an den Anfang, sehen wir uns alles mal von der Startlinie aus an. „Tut Buße, kehrt um, und jeder von euch lasse sich auf den Namen von Jesus Christus taufen [Da haben wir schon wieder den Namen. Auf welchen Namen bist *du* getauft?] zur Vergebung eurer Sünden, so werdet ihr die Gabe, den Heiligen Geist empfangen. Die nun die Botschaft von Petrus annahmen, ließen sich taufen; und an diesem Tage waren das etwa dreitausend Menschen. Sie blieben beständig in der Lehre der Apostel, hatten Gemeinschaft im regelmäßigen Brotbrechen und Gebet. Alle aber, die gläubig geworden waren, waren beieinander und hatten alles gemeinsam. Sie trafen sich täglich in ihren Häusern, um miteinander zu essen und das Mahl des Herrn zu feiern; sie lobten Gott und hatten hohes Ansehen beim ganzen Volk. Der Herr aber fügte täglich Menschen hinzu, die gerettet werden sollten" (Apostelgeschichte 2,38.41–42.46–47).

Damals war es klar, dass man sich, nachdem man gläubig wurde, sofort taufen ließ und den Heiligen Geist empfing. Die Leute hatten eine starke Gemeinschaft, sie brachen täglich das Brot, feierten also ganz unkompliziert das Abendmahl bei sich zu Hause. Sie hatten Gunst bei den Ungläubigen, denn die staunten: „Seht euch an, wie die sich lieben!" Das war eine gesellschaftliche Revolution mit Auswirkungen auf alle Bereiche.

Heute erscheint alles viel komplizierter. Aber das muss es nicht, wenn du dich einfach an das hältst, was in der Schrift vorgesehen ist. Natürlich ist das eine Herausforderung, haben sich doch über die Jahrhunderte religiöse Traditionen angehäuft, die sich über die Einfachheit des

Evangeliums gelagert haben und ihre Ansprüche stellen. Viel Blut floss, wenn Menschen erkannten, dass sie zu dem zurückkehren sollten, was das Wort Gottes mitteilt. Einiges davon wurde im Jahr des Reformations-Jubiläums in Erinnerung gerufen. Manchmal nicht ganz zu laut, weil die einen Reformatoren sich selber gnadenlos schuldig gemacht haben am Blut der nächsten Reformatoren. Religiöse Fesseln zu durchtrennen ist meist nichts Gemütliches, das geschieht nicht so nebenbei. Am stärksten ist Jesus ausgerastet, wenn er es mit den Religiösen zu tun bekam. Religion ist immer eine Ersatzform für das Eigentliche. Etwas, das ist „als ob“, aber bewusst verhindert, dass wir das bekommen, was wirklich das Geschenk ist:

Ihr Theologen! Ihr habt den Schlüssel der Erkenntnis weggenommen. Ihr selbst seid nicht hineingegangen, und die hineinwollten, die habt ihr daran gehindert (Lukas 11,52).

Daher befleißigt euch, setzt alles dran, die Einheit des Geistes zu bewahren [heute müssen wir umso mehr Fleiß aufbringen, um diese Einheit, die „Gleichwie-Einheit“ wiederherzustellen]: Ein Leib und ein Geist, wie auch eine Hoffnung, zu der ihr berufen worden seid! Ein Herr, ein Glaube, eine Taufe, ein Gott und Vater von uns allen, der über uns alle regiert, durch alle wirkt und in allen lebt. Jedem Einzelnen von uns aber ist die Gnade nach dem Maß von Jesus Christus gegeben worden (Epheser 4,3–7). „Ein Leib“, das ist etwas Reales, das man anfassen kann. Lass dich nicht von dem Gerede eines „universellen Leibes“ verwirren, der die Amputation aller möglichen Glieder rechtfertigen möchte. Der Leib muss in reeller Form vor Ort sichtbar sein. Mit der DNA von Christus. Nicht in einer imaginären universellen Vorstellung!

Zwei oder drei – das Einheits-Entwicklungs-Labor

Befleißige dich, setze alles dran und suche dir zwei Leute, mit denen du diese Einheit ausprobieren und entwickeln kannst. Suche sie aktiv – Fleiß bedeutet Engagement. Dann entscheidet euch, der Entwicklung der Einheit von euch dreien hohe Priorität einzuräumen. Steckt einige Dinge zurück, damit ihr Zeit dafür habt. Einmal in der Woche ist Minimum! Keine Zeit? Es lohnt sich, dafür etwas anderes zu streichen.

Wer sich im Kleinen bewährt, bekommt größere Verantwortung. Was im Kleinen lebendig ist, kann auch im Großen funktionieren. „Zuerst in Jerusalem, dann auch in ganz Judäa und Samaria und bis an das Ende der Erde" (Apostelgeschichte 1,8). Zuerst im Kleinen und dann wird es große Kreise ziehen.

Stell dir vor, 100 solche Einheits-Entwicklungs-Labors sind erfolgreich in ihren Umsetzungen und multiplizieren sich ...

Was zu tun wäre

Essen und erzählen

Esst miteinander. Jesus hat das oft so gemacht. Auch die ersten Christen hatten fröhliche Mahlzeiten, das wird in Apostelgeschichte 2 berichtet: „In überschwänglicher Freude und aufrichtiger Herzlichkeit trafen sie sich zu den gemeinsamen Mahlzeiten." Erzählt einander, wie ihr zum Glauben gekommen seid, wenn ihr das nicht schon getan habt. Wie war euer Leben davor und was hat sich durch die Beziehung zu Jesus verändert?

Entscheidet euch, einander zu vertrauen

Wo Misstrauen gesät ist, kann Einheit nicht wachsen

Das ist eine wichtige Grundlage, damit ihr auch Dinge ansprechen könnt, die üblicherweise verschwiegen werden. Wer redet schon gerne über seine Fehler oder Schwächen – aber wie sollen Hindernisse denn beseitigt werden, wenn wir sie verstecken?

Sehr oft, wenn ich auswärts die Gelegenheit habe, in Gemeinden zu predigen, kommen einzelne Geschwister anschließend zum Gebet. Das tue ich gerne, aber manche Anliegen bräuchten eine weitere Begleitung. Ich frage dann: „Hast du jemanden, dem du dieses Problem auch so anvertrauen kannst wie mir und wo du weißt, dass es in der Kraft des Glaubens behandelt wird und nicht in die Gerüchteküche kommt?" Die Antwort lautet überwiegend Nein, obwohl diese Leute meist Glieder der jeweiligen Gemeinde sind. Das ist leider ein Triumph für den Feind; so kann er verhindern, dass Geschwister in ihre

Berufung kommen; das erschwert auch Fortschritte in der Gemeinschaft massiv.

„Und wenn ein Glied leidet, so leiden alle Glieder mit; oder wenn ein Glied geehrt wird, so freuen sich alle Glieder mit“ (1. Korinther 12,26).

Daher findet einen Weg, wie ihr drei euch dieses Vertrauen schenken könnt, damit solche Dinge gelöst werden können. „Wenn ihr etwas auf der Erde löst, wird es im Himmel gelöst sein“ (Matthäus 18,18).

Tatsache ist, dass jeder von uns mehr Probleme hat als Lösungen. Aber wir haben unterschiedliche Probleme, und oft hat ein anderer die Lösung, wo du das Problem hast. Das ist auch das Prinzip des Leibes: Da kommen Glieder zusammen, die nicht alle an derselben Stelle schwach sind und die nicht alle dieselben Stärken haben. Wo du schwach bist, da ist der andere stark. Unser Erfinder hat sich etwas dabei gedacht! „Jedem Einzelnen von uns aber ist die Gnade nach dem Maß der Gabe von Jesus Christus gegeben worden“, wie wir gerade in Epheser 4 gelesen haben. Jeder von euch dreien hat unterschiedliche himmlische, übernatürliche Gaben. Die sind dafür vorgesehen, dass sie ergänzend angewendet werden.

Wenn du etwas mit dir herumträgst und nicht bekannt hast, dann ist es nicht vergeben

Und nur wer seine Geistesgaben gebraucht, wird darin auch wachsen.

Wenn ihr drei einander vertrauen könnt

Bekennt also einander eure Sünden und betet füreinander, damit ihr gesund werdet! Das Gebet eines Gerechten hat große Wirkung (Jakobus 5,16). Doch wenn wir unsere Sünden bekennen, erweist sich Gott als treu und gerecht, dass er uns die Sünden vergibt und uns von jeder Ungerechtigkeit reinigt (1. Johannes 1,9).

Wenn du in irgendeinem Bereich etwas mit dir herumträgst, das du noch nicht vor Gott bekannt hast, dann ist es nicht vergeben und du bist in diesem Punkt nicht gerechtfertigt. Wir wissen, dass wir aus Glauben gerechtfertigt werden, aus Gnade. Das ist unbestritten so, aber wenn du etwas zurückbehältst, kann es nicht unter die Gnade kommen. Du bist in diesem Fall nicht gerechtfertigt. Und wenn das Gebet eines Gerechten viel vermag, dann ist im Umkehrschluss das Gebet eines Ungerechten nicht viel wert.

Aber bleibe locker. Nur keine Verkrampfung!

Wenn ihr zusammenkommt, sorgt dafür, dass der Heilige Geist in eurer Mitte willkommen ist. Lernt, offen über Dinge zu sprechen, die normalerweise verborgen bleiben und die noch der Vergebung bedürfen.

Etwas Persönliches

Vor mehreren Jahren haben meine Frau und ich erkannt, dass wir täglich das Abendmahl nehmen sollen. Die ersten Christen feierten es übrigens täglich in ihren Häusern. Auch einige weitere Aussagen im Wort Gottes haben uns darin bestärkt.

Denn sooft ihr dieses Brot esst und den Kelch trinkt, verkündigt ihr den Tod des Herrn [und damit auch seinen und euren Sieg], bis er wiederkommt (1. Korinther 11,25). Ich versichere euch, unterstreicht Jesus: Wenn ihr nicht das Fleisch des Menschensohnes esst und sein Blut trinkt, so habt ihr das Leben nicht in euch. Wer mein Fleisch isst und mein Blut trinkt, bleibt in mir und ich in ihm (Johannes 6,53.56). Er in mir, ich in ihm – das ist zentral für die Einheit mit Jesus und die Basis für Einheit überhaupt.

Die notwendige Nebenwirkung war, dass wir uns dafür Zeit nehmen mussten, jeden Tag. Das Frühstück war für uns bestens geeignet, wir dehnten es nur etwas aus. Wir haben begonnen, uns darüber auszutauschen, was im Wort Gottes uns gerade bewegt oder ob es in der Nacht geistliche Eindrücke gab, zum Beispiel durch Träume. Und wir haben uns entschieden, ganz offen auch über Probleme zu sprechen und über Themen, die wir bis dahin gerne vermieden hatten, weil wir wussten: Wenn wir die anrühren, dann wird es ungemütlich! Wir haben aber auch einander zugesprochen, dass wir es immer aus der Perspektive tun, dass wir *füreinander* sind. Da kamen Dinge ans Licht, die meinen Charakter betreffen, Verhaltensmuster, mit denen ich meine Frau und andere verletzt habe, Aussagen, die andere unter Druck gesetzt haben, und vieles mehr.

Scheinbar unveränderbare Muster in unserem Charakter haben sich deutlich zum Guten verändert

Heute können wir sagen, dass der Tag, an dem wir damit begonnen haben, ein Wendepunkt war in unserem geistlichen Leben und in unserer Beziehung. Für unvorstellbar vieles konnte Vergebung ausgesprochen werden. Scheinbar unveränderbare Muster in unserem Charakter haben sich deutlich zum Guten verändert. Unsere Sensibilität für den Heiligen Geist wurde verstärkt. Geistesgaben haben in ihrer Wirksamkeit zugenommen.

Deshalb kann ich nur von ganzem Herzen empfehlen, in eurem Einheits-Entwicklungs-Labor das auch auszuprobieren.

Anbetung ist wie ein Türöffner

Wenn einer von euch musikalisch ist, super – sonst könnt ihr euch auch mit einer CD behelfen, um gemeinsam Gott die Ehre zu geben und ihn anzubeten. Auch ganz ohne Musik geht das: *a cappella!*

Wenn wir aber im Licht leben, wie er im Licht ist, haben wir Gemeinschaft miteinander, und das Blut Jesu Christi, des Sohnes Gottes, reinigt uns von aller Sünde (1. Johannes 1,7). Wenn das Licht „eingeschaltet“ ist, kann nichts mehr im Verborgenen bleiben.

Erkennst du, wie wichtig dieser Punkt ist? Wenn etwas nicht ans Licht kommt, wenn wir es nicht bekennen und damit auch nicht die Vergebung empfangen, ist das Stoff für den Verkläger der Brüder, der sie Tag und Nacht vor unserem Gott verklagt (Offenbarung 12,10). Wenn du in einem Fall nicht gerechtfertigt bist, kann in dem Moment auch Jesus als dein Fürsprecher vor dem Thron nichts für dich ausrichten. Er würde sich gerne für dich verwenden und möchte jeder Anklage entgegenhalten: „Gerechtfertigt durch mein Blut!“ (Römer 5,9.) Aber wenn du etwas der Rechtfertigung vorenthalten hast, kann er das nicht sagen, weil er fünf nicht gerade sein lassen kann. Damit gibst du dem Feind die Möglichkeit, dich ernsthaft zu behindern.

Bekennt ihr einander aber diese Dinge und empfangt Vergebung, dann nehmt ihr dem Teufel jede Gelegenheit, euch anzuklagen. Was ans Licht gekommen ist, ist nicht mehr verborgen, und nun kommt es in die Tiefen des Sees des Vergessens. Daher ist für den Ankläger dann „die Luft raus“. Aber wie gesagt: nicht verkrampfen; doch wenn das Licht Verborgenes zeigt, dann handelt.

Leider wird eifrig schlecht übereinander geredet, gerade als wäre das eine Geistesgabe

Vergebung ist das Zentrum des Evangeliums

Aber wenn ihr nicht vergebt, kann auch euch nicht vergeben werden; Jesus bringt es nach dem Vaterunser auf den Punkt. Wenn dir nicht vergeben werden kann, dann bist aus der Gnade hinauskatapultiert. Jesus wäre für dich umsonst gestorben. Das ist nicht lustig, da könnten wir alle schöne fromme Übungen machen, und trotzdem wäre alles umsonst. Der Raum des Nicht-Vergeben-Wollens oder des Unvergebenens in den Gemeinden ist recht geräumig. Das ist leider Tatsache – eine schaurige, eine dramatische. Statt zu vergeben wird eifrig schlecht übereinander geredet, gerade als wäre das eine Geistesgabe. Über diesen Sachverhalt sollten wir durchaus erschüttert sein. Aber lassen wir uns nicht ablenken. Vergeben und weitergehen!

Immer wieder, bis heute, erschallt der Ruf: „Kehrt um, denn das Königreich Gottes ist nahegekommen!“ Es ist heute näher als je zuvor. Es möchte in dir sein. Die Sendschreiben an die sieben Gemeinden enden fast alle mit „Tut Buße!“ – auch das könnt ihr zu dritt praktizieren. Mit der Zeit wird das die Grenzen sprengen und jeder Einzelne von euch wird Menschen ausdrücklich vergeben oder sie um Vergebung bitten – und ihr werdet Versöhnung finden.

„Jeder, der seinem Bruder zürnt, kommt vor Gericht; wer aber seinen Bruder beschimpft oder schlecht über ihn redet, den erwartet das Feuer der Hölle. Wenn du dich bei einem Gottesdienst erinnerst, dass dein Bruder etwas gegen dich hat, vergiss den Gottesdienst, gehe und versöhne dich vorher mit deinem Bruder, dann erst komm und bete an!“ (Matthäus 5,22–24.)

Nur wenn ihr eure Geistesgaben gebraucht, werdet ihr darin wachsen können

Wenn ihr offen über Schwächen miteinander sprechen könnt, dann wird das zu einer neuen Stärke eures Teams und von euch als Einzelpersonen. Wenn wir besser verstanden haben, dass wir ausschließlich aus Gnade errettet sind, dann erkennen wir mehr und mehr, dass wir voreinander nicht den großen Macker heraushängen müssen. Auch das wird zu einem wichtigen Baustein für die „Gleichwie-Einheit“.

Wendet eure Geistesgaben aneinander an

Nur wenn ihr eure Geistesgaben gebraucht, werdet ihr darin wachsen können. Oft ist es erst einmal hilfreich, herauszufinden, welche Gaben der Einzelne überhaupt hat. Aber eines ist klar: Jeder hat mindestens eine dieser himmlischen, übernatürlichen Gaben! Verwechsle sie aber nicht mit den natürlichen Gaben, die jeder Mensch hat.

„Was aber die geistlichen Gaben betrifft, so will ich nicht, dass ihr in Unkenntnis bleibt. Niemand, der unter der Leitung von Gottes Geist redet, wird jemals sagen: Jesus sei verflucht!, und umgekehrt kann niemand sagen: Jesus ist der Herr!, denn er wird vom Heiligen Geist geleitet. Es gibt viele verschiedene Gnadengaben, aber es ist ein und derselbe Geist; und es gibt auch viele verschiedene Dienste, und es ist derselbe Herr; und es gibt viele verschiedene Wirkungen, aber es ist ein und derselbe Gott, der alles in allen wirkt. Jedem aber zeigt sich das Wirken des Geistes anders, aber es ist immer zum Nutzen gegeben. Dem einen wird durch den Geist gegeben, Einsichten in Gottes Weisheit weiterzugeben; anderen aber ein Wort der Erkenntnis, anderen aber die Gabe des Glaubens; anderen aber Gnadengaben der Heilungen; anderen aber, Wunder zu wirken; anderen aber, prophetische Aussagen zu treffen; anderen aber, verschiedene Geister zu unterscheiden; andere können in anderen Sprachen reden, die Gott ihnen gerade gibt; andere können diese Sprachen auslegen. Das alles aber ist das Werk ein und desselben Geistes; der teilt jedem besonders aus, wie er will.

Denkt zum Vergleich an den menschlichen Körper! Er stellt eine Einheit dar, die aus vielen Teilen besteht: so ist es auch bei Christus. Denn in einem Geist sind wir alle zu einem Leib getauft worden, unabhängig von Stand und

Herkunft, und sind alle mit diesem einen Geist getränkt worden“ (1. Korinther 12,1–13.)

Geistesgaben treten oft total konträr zu den natürlichen auf. Gerade deine Schwäche gebraucht der Heilige Geist, um seine Kraft an uns Schwachen zu zeigen. So ist es auch leichter, unserem Herrn und König dafür die Ehre zu geben und nicht wieder mal uns selber auf die Schulter zu klopfen. Also suche deine Geistesgaben nicht unbedingt bei deinen Stärken. Lass dir auch von anderen helfen, diese Gaben zu erkennen. An uns selber etwas zu erkennen, das fällt uns oft schwer. Die Fehler des anderen erkennen wir ja auch immer leichter als unsere eigenen.

Deine Notizen

Den anderen höher achten als sich selbst

Schon unter den Jüngern Jesu gab es diese Diskussion: Wer ist der Größte? Jesus hat da keine Fragen offengelassen: Wer der Größte unter euch sein will, der sei der größere Diener, hat er souverän empfohlen. Aber diese Weisheit hat sich immer noch nicht ganz durchgesetzt.

Sobald drei Leute mit einer bestimmten Absicht zusammen sind, fragt man: Und wer ist der Direktor?

Prüft euch selbst, um zu sehen, ob ihr im Glauben seid! Oder erkennt ihr immer noch nicht, dass Jesus Christus in euch ist? Es sei denn, dass ihr noch unbewährt seid (2. Korinther 13,5). Christus in euch, die Hoffnung der Herrlichkeit (Kolosser 1,27).

Durch Höherachten einander in die Gegenwart von Jesus katapultieren

Hier steht: Christus ist in jedem von euch dreien, Christus, der König der Könige, dem alle Macht und Gewalt gegeben ist. Jetzt schau dir dein Gegenüber an. Wen siehst du? Siehst du Christus in ihm? Dann fällt es dir sicher etwas leichter, ihn höher zu achten.

Wenn ihr einander höher achten würdet, gäbe es dann noch jemanden, der dabei zu kurz käme? Ihr achtet euch gegenseitig höher, und noch höher, und noch höher! Es ist wie eine Kettenreaktion, und damit katapultiert ihr einander mehr und mehr in die Gegenwart von Jesus!

Erfüllt meine Freude, schreibt Paulus den Philippern, dass ihr dieselbe Gesinnung und dieselbe Liebe habt, einmütig, eines Sinnes seid. Lasst nicht zu, dass euch etwas gegeneinander aufbringt, handelt also nicht aus Eigennutz,

Streitsucht oder eitler Ruhmsucht; vielmehr seht zu, dass in der Demut einer den anderen höher achtet als sich selbst; ein jeder sehe nicht nur auf das Seine, sondern jeder habe auch das Wohl der anderen im Auge! Habt diese Gesinnung, die uns Christus Jesus vorgelebt hatte, er, der mit Gott in allem gleich war und das nicht zu seinem Vorteil ausnutzte. Im Gegenteil: Er verzichtete auf alle seine Vorrechte und stellte sich auf dieselbe Stufe wie ein Diener; indem er ein Mensch wie jeder andere geworden ist, erniedrigte er sich selbst und wurde gehorsam bis zum Tod, ja, er starb am Kreuz wie ein Verbrecher (Philipper 2,2–8).

Dieselbe Gesinnung und unterschiedliche Meinungen – und doch eins!

Wenn wir einander höher achten, wird es möglich, dass wir dieselbe Gesinnung und dieselbe Liebe haben, einmütig sind – und kein Problem damit haben, wenn trotzdem in manchen Bereichen eine andere Meinung besteht.

Sollten wir es bis hierher geschafft haben, werden wir bemerken, dass unterschiedliche Meinungen gar nicht mehr so wichtig sind, denn wir achten den anderen höher als uns selbst, auch seine Meinung. Und alles beruht auf Gegenseitigkeit.

Die Verschiedenheit in so manchem Bereich ist dann nicht mehr so wichtig und wird sogar zur Ergänzung.

„Und wenn ihr in irgendetwas anders denkt, so wird euch Gott auch dies offenbaren“ (Philipper 3,15).

Die Wirkung der „zwei oder drei"

Wenn ihr Fortschritte gemacht habt mit dem Einheits-Entwicklungs-Labor und ineinander mehr und mehr Christus erkennen könnt, dann erfüllt sich, was Jesus uns zugesagt hat für den Fall, wenn zwei oder drei in seinem Namen aktiv werden:

„Denn wenn zwei von euch auf der Erde übereinkommen, also in der ‚Gleichwie-Einheit' sind, und irgendeine Sache erbitten, so wird sie ihnen werden von meinem himmlischen Vater" (Matthäus 18,19).

Das griechische Wort für „übereinkommen" kennen wir alle recht gut aus der Musik – „Sinfonie" verspricht Hochgenuss. Viele verschiedene Instrumente spielen gemeinsam ein Musikstück. Da sind Gleichklang und Harmonie – ein wunderschöner Ausdruck für Einheit. Ihr drei könnt so ein kleines Orchester sein, in dem verschiedene Instrumente in Übereinstimmung kommen. Eure Gebete werden sich ändern und auch deren Wirkung.

Verheissungen nicht religiös missverstehen

In Matthäus 18,15 geht es um einen Bruder, der gesündigt hat. In kritischen Fällen muss eine Sache aus zweier oder dreier Zeugen Mund bestätigt werden (2. Korinther 13,1). (Aber das nur am Rande, um den Zusammenhang der folgenden Bibelstelle zu zeigen.)

Wahrlich, ich sage euch: Wenn ihr etwas auf der Erde bindet, wird es im Himmel gebunden sein, und wenn ihr etwas auf der Erde löst, wird es im Himmel gelöst sein. [Gemeint ist, etwas vertraglich zu binden oder zu lösen.] Wiederholt sage ich euch: Wenn zwei von euch auf der Erde übereinkommen („Sinfonie"), irgendeine Sache zu erbitten, so wird sie ihnen von meinem himmlischer Vater werden. Denn wo zwei oder drei zusammen sind in meinem Namen, da bin ich mitten drin (Matthäus 18,15–20).

Das Übereinkommen der zwei oder drei ist ein gewisser Schutz vor Irrtum

„Nicht ihr habt mich erwählt, sondern ich habe euch erwählt und euch dazu bestimmt, dass ihr hingeht und Frucht bringt [viel Frucht!] und eure Frucht Bestand hat, damit, was ihr den Vater bitten werdet in meinem Namen [und somit auch in dieser symphonischen Übereinstimmung], er es euch gebe“ (Johannes 15,16).

„Ich versichere euch: Was ihr den Vater bitten werdet in meinem Namen, wird er euch geben. Bis jetzt habt ihr nichts in meinem Namen gebeten. Bittet, und ihr werdet empfangen, dann wird eure Freude vollkommen sein!“ (Johannes 16,23–24.)

Jesus wiederholt das mehrmals: „in meinem Namen“ in Verbindung mit der Zusage der Gebetserhörung; das muss also ziemlich bedeutend sein. Auf Seite 31 habe ich dazu schon etwas angemerkt. Im Namen des Königs etwas tun oder sprechen, das kann nur jemand, der dazu autorisiert, bevollmächtigt ist. Wir sind Botschafter des Reiches Gottes (2. Korinther 5,20), also Sprecher seiner Regierung. Aber Regierungssprecher wird man nicht so nebenbei. Das gilt auch für unsere Gebete, auszusprechen, was der Wille des Königs ist – darum hat Jesus uns zugesagt, unser Gebet zu erhören. Das Gebet ist ein Ausspruch im Sinne dieser Regierung, nach dem Motto: „Dein Reich komme, dein Wille geschehe, wie in deinem himmlischen Königreich, so auch auf Erden!“ Es geht nicht um unsere Wünsche und Ideen. – Der Name hat auch etwas mit Charakter zu tun. Als Botschafter sind wir Repräsentanten dieses Namens. An uns sieht man, für wen wir stehen. Deshalb wollen wir darauf achten, diesen Namen nicht zu entehren oder gar ins Lächerliche zu ziehen!

Was haben wir von der Einheit?

„Jedem aber wird die Wirkung des Heiligen Geistes zum Nutzen gegeben“ (1. Korinther 12,7).

Wir begnügen uns oft schon damit, wenn wir persönlich einen Schritt weiter kommen oder wenn sich etwas gut anfühlt. Was hat die Welt um uns herum davon? Aber Einheit hat auch einen Nutzen, einen elementaren sogar: Daran kann die Welt erkennen, was ihr sonst unmöglich ist – „Sie kann den Geist der Wahrheit nicht empfangen, weil sie ihn nicht sieht noch ihn kennt“ (Johannes 14,17). Aber jene, die eins sind mit Christus, gleichwie er eins ist mit dem Vater, die machen das Geistliche, also das Unsichtbare, für die Menschen dieser Welt sichtbar.

Wenn zwei von euch auf der Erde übereinkommen [also „gleichwie-eins“ sind], irgendeine Sache [wie vom Heiligen Geist offenbart] zu erbitten, so wird sie ihnen werden von meinem Vater, der in den Himmeln ist. – Dann wäre Einheit ja von gigantischem Nutzen!

Mit Einheit verändert sich auch deine Art von Gebet!

Wenn ihr die ersten Schritte im Aufbau eures Einheits-Entwicklungs-Labors hinter euch habt, ist es legitim, nach dem Nutzen zu fragen. Ihr werdet keine große Mühe haben, in eurem näheren Umfeld ernste Probleme zu finden, für die ihr in der Fürbitte eintreten könnt und von Nutzen werdet. Aber ihr werdet nicht mehr so beten wie bisher; in der voranschreitenden Einheit ändert sich auch euer Zugang zum Gebet. Ihr werdet „übereinkommen“ durch die Leitung des Heiligen Geistes. Wir werden nicht von der augenscheinlichen Not motiviert werden; nicht das Mitleid treibt euch an, sondern in der ergänzenden Einheit bekommt ihr ein kompletteres Bild von der Situation und erkennt mehr und mehr, was der Wille Gottes ist in diesem konkreten Fall. Dann könnt ihr so beten, wie es uns das Vaterunser vorschlägt: „Dein Wille geschehe, wie im Himmel, so auch in diesem konkreten Fall auf Erden!“ Wir werden nicht mehr diese unverbindlichen vagen Gebete sprechen wie „Herr, wenn es dein Wille ist, hilf uns und mach, dass dieses Problem gelöst wird“. Wir lernen, dass Jesus nichts von dem tut, wozu er *uns* berufen und ausgestattet hat: „Gleichwie du mich in die Welt gesandt hast, so habe auch ich sie in die Welt gesandt“ (Johannes 17,18). Vielleicht war das auch ein Grund, warum Jesus über seine Jünger seufzte: Wie lange muss ich bei euch sein, bis ihr das endlich kapiert?

Seinen Willen genauer zu erkennen, das ist der Schlüssel für effektiveres Gebet

Natürlich ist das ein Prozess, aber wir lernen Schritt für Schritt, für einzelne Fälle den Willen Gottes konkreter zu erkennen. „Werdet verändert durch die Erneuerung eures Denkens, damit ihr mitbekommt, was konkret der Wille Gottes ist“ (Römer 12,2). Von Jesus heißt es: „Und er blickte auf zum Himmel“; dort sah er offensichtlich, was jeweils zu tun war. In Matthäus 14,19 vermehrte er daraufhin die fünf Brote und zwei Fische, sodass fünftausend Menschen satt wurden. In Markus 7,34 ruft er: Hefata! – was bedeutet: Werde geöffnet! [Übrigens auch keine Bitte.] Und sogleich wurden die Ohren des Taubstummen geöffnet, und die Fessel seiner Zunge wurde gelöst, und er redete richtig. Für Jesus war klar: „Der Sohn kann nichts von sich selbst tun, außer was er den Vater tun sieht. Was immer der Vater tut, das tut auch der Sohn“ (Johannes 5,19). Deshalb blickte er immer zum Himmel. Wenn Jesus das nötig hatte, wie viel mehr wir!

„Der Vater hat uns ja das Geheimnis seines Willens zu erkennen gegeben nach seinem Ratschluss, er hat sich vorgenommen, in Christus alles zusammenzufassen, was in den Himmeln, und das, was auf der Erde ist“ (Epheser 1,9–10).

Um Gottes Willen besser zu erkennen, müssen wir unser Denken erneuern. Das setzt voraus, dass wir altes Denken hinter uns lassen. Religiöse Denkmuster, aber besonders das vom (atheistischen) Humanismus infizierte Denken sollen nicht mehr Teil von uns sein. Seid eifrig zur Buße! Statt „Buße“ könnte man auch „Umdenken“ sagen. Wer überwindet, der wird … So enden alle Briefe an die Gemeinden in der Offenbarung.

Deine Notizen

Unser Einheits-Entwicklungs-Labor in Aktion

Ein Beispiel, wie sich Einheit praktisch auswirkt

Wir, das kleine „Mission-is-possible-Team", inklusive meiner Frau und mich, betreiben so ein Einheits-Entwicklungs-Labor; insgesamt sind wir ein halbes Dutzend Leute. Wie gehen wir konkret vor, wenn wir für irgendein Problem eine himmlische Lösung suchen? Zunächst nehmen wir uns Zeit für Anbetung im Geist. Das hilft uns, stärker in die Gegenwart Gottes zu kommen, und macht uns empfänglicher für den Heiligen Geist. Je nach den unterschiedlichen Gaben des Geistes bringt jeder Einzelne zum Ausdruck, welche biblische Verheißung hier in Anspruch genommen werden kann und was er zu dem konkreten Anliegen erkannt hat.

In einem Fall suchte ein Vater die Lösung für die Alkoholsucht seines Adoptivsohns. Er war nicht gläubig, aber alle üblichen Maßnahmen hatten nicht gefruchtet; der Junge suchte einfach das Weite, wenn es unbequem wurde, und jetzt wagte der Vater einen letzten Versuch: „Wenn sonst nichts nützt, vielleicht hilft Beten ..." Er entschuldigte sich, er sei ja nicht gläubig, aber er wisse sich nicht mehr zu helfen. Kein Problem, versicherten wir ihm, und versuchten zu erklären, wie wir vorgehen. Denn Anbetung und die Anwendung von Geistesgaben, das ist ja nicht mal unter Gläubigen so geläufig, dass man es als normal ansehen würde.

Nach einer Zeit der Anbetung schenkte der Geist Gottes Eindrücke über die Situation des Jungen und der leiblichen Mutter, wie sie vom Vater des Kindes beschuldigt wurde, weil sie schwanger geworden war, und von ihm verstoßen wurde. In ihrer Not hatte sie das Kind gleich zur Adoption freigegeben. Die Eindrücke durch den Heiligen Geist brachten noch einige weitere Details ans Licht. Die Frage an den Adoptivvater, ob das alles so gewesen sein könnte, bejahte er mit einem Nicken, Tränen in den Augen. Entsprechend diesen Hinweisen durch den Heiligen Geist haben wir in der Fürbitte einzelne Bindungen dieses Jungen gelöst – einiges detailliert, anderes mehr zusammenfassend. Jeder im Team sprach das aus, wozu er sich vom Geist Gottes geleitet wusste. Nach etwa eineinhalb Stunden hatten wir den Eindruck, dass wir „durch" waren. Ich schaute den Adoptivvater an: „Ich habe das Empfinden, dass Sie jetzt Jesus Christus als Ihren Herrn und König in Ihr Leben einladen möchten" – und der bejahte unter Tränen. So beteten wir mit ihm gemeinsam. Er bat Jesus Christus, seine Sünden zu vergeben, nahm das am Kreuz vollbrachte Erlösungswerk Jesu Christi an und stellte sein Leben unter die Herrschaft von Jesus Christus. Das war an einem Samstag. Am Dienstag, also drei Tage später, erhielt ich einen Anruf: Der Junge, der jeden Kontakt abgebrochen hatte, habe sich gemeldet und mitgeteilt, er habe sich zu einer Entziehungsbehandlung angemeldet – und er bat die Adoptiveltern um moralische Unterstützung.

Dieses Beispiel zeigt, wie Einheit ganz praktisch von Nutzen sein kann. Natürlich ist das Ergebnis nicht immer so unmittelbar zu sehen. Wir haben auch für Anliegen gebetet, für die wir keine Lösung empfangen haben. Aber in vielen Fällen haben wir Schritt für Schritt gelernt, als Team in „Gleichwie-Einheit" den Willen Gottes zu erkennen und umzusetzen. Ich kann dich nur bestärken: Werde Teil so eines Teams von zwei oder drei (oder auch ein paar mehr) Leuten und probiere die Zusagen aus, ob es sich so verhält, wie es in der Bibel geschrieben steht.

Und wie geht „Einheit" in einer bestehenden Gemeinde?

Wie Menschen in der Gemeinde übereinander reden, stellt die Weichen für oder gegen Einheit

Das ist eine spannende Frage. Eine Gemeinde hat Traditionen, einiges läuft eben so, wie es läuft – und das durchaus beharrlich. Man muss auch verstehen, dass Denominationen sich Satzungen geben. Diese Satzung legt Rahmenbedingungen fest, die sagen, was geht und was nicht geht. Nicht immer decken sich diese Richtlinien mit dem Wort Gottes. Wenn du das, was in diesem Buch vorgeschlagen wird, umsetzen möchtest, könnte das zu „Grenzüberschreitungen" von solchen Satzungen führen. Möchtest du den Richtlinien deiner Kirche treu bleiben, musst du diese Grenzen einhalten. Möchtest du das nicht, musst du dich aus deinem Vertrag mit diesen Rahmenbedingungen lösen. Das ist wie ein Vertragsverhältnis, das ordnungsgemäß behandelt werden muss. Aber verstehe mich richtig – ich fordere dich nicht zum Gemeindeaustritt auf, ich versuche lediglich, Zusammenhänge verständlich zu machen: Grenzen haben Wirkung. Eine Denomination könnte diese Grenzen aber auch aufheben und ihre Satzung reformieren.

Doch gehen wir davon aus, es gibt keine Einschränkung. Wie kann dann in deiner Gemeinde die „Gleichwie-Einheit" wachsen?

„Wenn ihr aber wie wilde Tiere aufeinander losgeht, einander beißt und zerfleischt, so passt nur auf, dass ihr am Ende nicht voneinander aufgefressen werdet!", warnt Paulus die Christen in Galatien (Galater 5,15). Wenn ihr in eurer Gemeinde gute Tage sehen wollt, so gebt acht auf eure Zunge, damit sie nichts Böses redet, und auf eure Lippen, damit kein unwahres Wort über sie kommt (1. Petrus 3,10).

Wenn jemand meint, er diene Gott, und zügelt nicht seine Zunge, so betrügt er sich selbst, und sein Gottesdienst ist vergeblich. Die Zunge ist ein ständiger Unruheherd, eine Unheilstifterin, erfüllt von tödlichem Gift (Jakobus 1,26; 3,8).

Eine ernste und grundlegende Frage ist: Wie reden die Gemeindeglieder übereinander? Deine Gemeinde ist sicher eine Ausnahme, aber in der Regel wird leider nicht viel Gutes geredet. Das war am Anfang der Kirche so und das ist heute vielleicht noch schlimmer. Daher sind diese Zitate aus den Propheten und den Briefen des Neuen Testaments nach wie vor brandaktuell.

Dann wirst du rufen und der HERR wird dir antworten. Wenn du schreist, wird er sagen: Siehe, hier bin ich. Wenn du in deiner Mitte niemand unterjochst und nicht mit Fingern zeigst und nicht übel redest ... dann wird dein Licht in der Finsternis aufgehen (Jesaja 58,9–10).

Nützt die Zeit gut! Denn wir leben in einer schlimmen Zeit. Seid nicht verbohrt; sondern begreift, was der Herr von euch will! Redet zueinander in Lob-Liedern und jubelt dem Herrn aus vollem Herzen! Dankt Gott, dem Vater, immer und für alles im Namen von Jesus Christus, unserem Herrn! (Epheser 5,16–20.)

In einer Gemeinde, die vom Gerede übereinander, von Kritik, Wettbewerb und Eifersucht durchdrungen ist, wird eine „Gleichwie-Einheit“ ziemlich effektiv verhindert werden. Wir müssen verstehen: Der Feind ist absolut nicht an Einheit interessiert! Überall, wo die Art Einheit zustande kommt, von der Jesus spricht, würde der Feind

Raum verlieren. Es ist verständlich, dass er dem nicht tatenlos zusieht. Eine Gemeinde ist für ihn ein guter Ort, seine Intrigen zu platzieren und Neid und Gerüchte zu streuen. Daher: Seid wachsam!

Jesus vergleicht böses Übereinander-Reden mit Mord

Habt ihr in eurer Gemeinde einen Lichtschalter? Wenn ja, dann schaltet das Licht ein! Denn wenn wir im Licht leben, wie er im Licht ist, dann erst haben wir in der Gemeinde Gemeinschaft miteinander, und das Blut Jesu Christi, reinigt uns von jeder Sünde, auch von der des schlechten Redens übereinander, der Eifersucht usw. (1. Johannes 1,7).

Der Pilzbefall des Übereinander-Redens muss raus! In Matthäus 5,22 setzt Jesus das „böse übereinander reden" mit Mord gleich. Stell dir mal vor, wie viele Mörder eine durchschnittliche Gemeinde wohl beherbergt ...

Das Problem muss ans Licht. Seid eifrig zur Buße! – So lange, bis die Früchte der Buße zu ernten sind. Solange das Problem nicht wenigstens ansatzweise gelöst ist, kann man eigentlich nicht von einer christlichen Gemeinde sprechen. Man tut nur „als ob"; aber dann braucht man sich auch nicht zu wundern, wenn der zugesagte „Nutzen" ausbleibt.

Was ist eigentlich Gemeinde?

An dieser Stelle wäre es sicher notwendig, auch darüber kurz zu sprechen, was „Gemeinde" überhaupt ist. Wir haben verschiedene traditionelle Vorstellungen und sehen die Dinge natürlich in erster Linie aus der Perspektive unserer bisherigen Prägung. Manche, die von Kirche sprechen, meinen ein Gebäude mit Turm. Jesus hat das Wort *ekklesia* gewählt, obwohl zu seiner Zeit „Synagoge" und „Tempel" die übliche Bezeichnung war für Stätten religiöser Versammlungen. *Ekklesia* hingegen war ein säkulares

Wort; es bezeichnete die Versammlung der Volksvertreter einer Stadt, also die Stadtregierung, die auf alle Gesellschaftsbereiche Einfluss nahm. Außerdem war *ekklesia* nicht die Bezeichnung für ein Gebäude, sondern für diese Versammlung von Menschen mit Regierungsautorität. Wenn im Neuen Testament von „Gemeinde" die Rede ist, steckt immer dieses Wort *ekklesia* dahinter.

Im Hinblick darauf, dass jeder in der Gemeinde ein Botschafter an Christi statt ist und somit beauftragt ist, die Interessen des Reiches Gottes hier auf Erden zu vertreten, können wir es leichter verstehen, warum Jesus das Wort *ekklesia* gewählt hat, das eben als Bezeichnung für die Stadtregierung verstanden wurde. Das aber nur in aller Kürze, nur um dein Bild von der netten kleinen christlichen Gemeinde, die, von der Welt abgeschieden, sich hinter den Kirchenmauern in Sicherheit bringt, etwas zu erschüttern.

Jetzt sollte es praktisch werden: Wenn es deine Gemeindeleitung erlaubt, würde ich an der Basis beginnen. Bildet kleine Einheiten, wie ich es vorher mit den „Zweien oder Dreien" skizziert habe. Der Gesichtspunkt „Vertrauen" ist dabei sehr wichtig. So manches Gemeindemitglied sucht irgendwo außerhalb Seelsorge-Angebote, weil ihm die interne Gerüchteküche nicht geheuer ist. Also, die Suche beginnt: Wo sind drei, die einander vertrauen? (Die Zahl kann natürlich auch größer sein, sollte aber einstellig bleiben.) So weit, so gut? Alles klar? Dann könnt ihr beginnen, die Vorschläge von Seite 51 umzusetzen.

Vielleicht könnt ihr sogar 10 oder 20 solche kleine „Einheits-Entwicklungs-Labors" bilden in eurer Gemeinde. (Wenn gewünscht, kann ich gern so einen Startprozess begleiten, denn bei jedem Start gilt es, Hürden zu nehmen. Da können externe Impulse hilfreich sein.)

Wenn dann die ersten Ergebnisse sichtbar werden, wird das der ganzen Gemeinde gut tun – und mit der

Zeit wird diese „Gleichwie-Einheit“ die ganze Gemeinde erfassen. Der Nutzen wird nicht lange auf sich warten lassen. Auch die Welt wird das erkennen!

Viele Gemeinden veranstalten von Zeit zu Zeit Evangelisations-Veranstaltungen, vielleicht nimmt man alle zwei Jahre an Pro Christ teil. Diese Maßnahmen sind aufwändig, sie benötigen viele Mitarbeiter und kosten auch einiges an Geld. Da aber die meisten Besucher bereits Kirchenmitglieder sind, ist der Wirkungsgrad eher gering. Von den paar Leuten, die „aus der Welt“ zu solchen Veranstaltungen kommen und sich dann auch noch bekehren, finden nur sehr wenige den Weg in eine Gemeinde. Deshalb hat sich eine gewisse Resignation breitgemacht, und so manche Gemeinde gibt dem Auftrag „Evangelisierung“ deshalb keine hohe Priorität mehr. Das ist verständlich.

Zuerst die Gefängnistüren öffnen, bevor du das Evangelium der Freiheit verkündigst

Aber stell dir vor, du sprichst einen Taubstummen an, der noch dazu in einem Hochsicherheitsgefängnis sitzt. Weil wieder Evangelisation ist, stehst du mit Freunden aus deiner Gemeinde vor den Gefängnismauern. Ihr habt einen breiten Tisch gedeckt mit köstlichen Speisen und erlesenen Getränken, alles Erdenkliche ist vorbereitet, um den Verlorenen eure Liebe zu zeigen. Mit einem Megaphon ruft ihr: „Alles ist vorbereitet, der Tisch ist gedeckt, ihr seid alle eingeladen, kostenlos!“ Aber kein Mensch kommt. Die sitzen alle weiterhin in ihren Zellen. – Wie frustrierend!

Paulus hat dem König Agrippa seinen Auftrag so beschrieben: Ich muss ihre Augen öffnen, damit sie sich bekehren von der Finsternis zum Licht und von der Gefangenschaft des Satans zur Freiheit in Gott. So werden sie Vergebung der Sünden empfangen (Apostelgeschichte 26,18). Evangelisation – das heißt: den Gefangenen verkündigen, dass sie frei sein können, und den Blinden, dass sie sehen, und die Zerschlagenen zu entlassen in die Freiheit (Lukas 4,16).

Die Menschen können nicht hören und sie können nicht sehen, sie sind gefangen in diesem Weltsystem, unter der Herrschaft Satans, wie Paulus es ausdrückt. Die „Gleichwie-Einheit“ hat die Nebenwirkung, dass die Welt erkennt! Daher ist es unumgänglich, wenn wir die Welt erreichen wollen, dass wir diese „Gleichwie-Einheit“ leben. Nicht irgendeine Einheit, sondern diese „Gleichwie-Einheit“: *damit* die Welt erkennt.

Wir können uns als Gemeinde weiterhin in Mittelmäßigkeit und Fruchtlosigkeit mit uns selber beschäftigen. Oder aber wir werden wirklich *ekklesia* und können Gefängnisse öffnen, Gefangene befreien und Blinden das Augenlicht geben!

Als Botschafter des Reiches Gottes vertreten wir die Interessen des Königs und predigen Umkehr, damit die Menschen aus der Gefangenschaft Satans in das Reich des Lichts versetzt werden, so wie Paulus seinen Auftrag beschrieben hat.

Die glorreichen Fünf, der Schlüssel zur Einheit

Gehörst du auch dazu zu diesen „jedem Einzelnen", denen die Verheissung gilt?

Eine andere wichtige Stelle im Neuen Testament, um Einheit besser zu verstehen, ist das vierte Kapitel im Epheserbrief.

„Ich ermahne euch eindringlich: Lebt ein Leben, das eurer Berufung würdig ist, in aller Demut und Sanftmut, mit Langmut, einander in Liebe ertragend! Befleißigt euch, setzt alles daran, die Einheit des Geistes zu bewahren, die durch das Band des Friedens zusammengehalten wird: Ein Leib und ein Geist, wie ihr auch zu einer Hoffnung berufen worden seid! Ein Herr, ein Glaube, eine Taufe, ein Gott und Vater von uns allen, der über alle regiert, durch alle wirkt und in allen lebt. *Jedem Einzelnen von uns* aber ist die Gnade nach dem Maß der Gabe von Jesus Christus gegeben worden" (Epheser 4,1–7).

Alle Christen der Gemeinde in Ephesus hatten eine Berufung, einen himmlischen Auftrag: entsprechend der geistlichen Gaben in Ephesus das Reich Gottes zu repräsentieren. Alle! Damals gab es ja keinen Unterschied zwischen Klerus und Laien, Hauptamtlichen und Gottesdienstzuschauern. Sie wurden ermahnt, einander in

Liebe zu ertragen: Setzt alles daran, die Einheit zu bewahren. Da wird Einsatz gefordert und die Einheit wird einfach vorausgesetzt. Zumindest damals war sie also vorhanden.

Paulus ist hier total klar: ein Leib, nicht hundert Denominationen. Der Leib Christi ist dazu da, um etwas sichtbar zu machen, nicht um über einem imaginären „universellen Leib" zu spekulieren. Damals konnte man auch noch von *einer* Taufe sprechen; heute ist das schon schwieriger. Lutheraner haben zigtausende Menschen geköpft, verbrannt oder ertränkt wegen ihres abweichenden Taufverständnisses. (Wer bereit ist, für etwas zu sterben, ist „möglicherweise" ein Vertreter der Wahrheit. Wer aber wild um sich schlägt, der hat sicher etwas zu verlieren. Seine Macht vielleicht?)

Jeder in der Gemeinde lebe so, dass seine Berufung zur Entfaltung kommt entsprechend dem Maß, wie er mit himmlischen, übernatürlichen Geistesgaben ausgestattet ist. Wobei das Maß Gottes meistens deutlich größer ist als das unsrige. Das entspricht in etwa dem Bild, das uns von der ersten Gemeinde überliefert ist: Ein Diakon, der hauptsächlich „nur" damit beschäftigt war, Witwen und Waisen mit Nahrung zu versorgen, war ein Mann mit festem Glauben und erfüllt vom Heiligen Geist, er wirkte Zeichen und Wunder und sprach Worte in großer Weisheit (Apostelgeschichte 6,5–10). Ein ganz normales Gemeindemitglied ...

Jedem Einzelnen von uns aber ist die Gnade nach dem Maß der Gabe von Jesus Christus gegeben worden (Epheser 4,7). Gehörst du auch dazu zu diesen „jedem Einzelnen"? Jeder, wirklich jeder, der durch das Blut Christi dazugehört, ist mit einem göttlichen Maß an geistlichen Gaben ausgestattet. Nicht „wird irgendwann einmal", sondern er ist es. Das müssen wir uns deutlich vor Augen führen. Wir brauchen die Erneuerung unseres Denkkonzepts, damit es in Übereinstimmung kommt mit

Das alte Konzept des Priesters als Mittler hat noch jede Reformation überlebt

dem, was im Wort Gottes klar und deutlich aufgeschrieben steht! Das destruktive Muster von Klerus und Laien ist immer noch stark in unserem Unterbewusstsein verhaftet; zu viele warten, bis Spezialisten kommen und die Arbeit machen.

Weil jeder Einzelne so kraftvoll ausgestattet werden soll, darum ist Christus hinabgestiegen in das Totenreich, um den vollkommenen Sieg zu erringen, und hinaufgestiegen bis über den höchsten aller Himmel, um so das ganze Universum mit seiner Gegenwart zu erfüllen.

Aus dieser unbeschreiblich mächtigen Position hat Jesus als der König der Könige die einen der Gemeinde (*ekklesia*) als Apostel gegeben und andere als Propheten, andere als Evangelisten und wieder andere als Hirten und Lehrer.

Ich weiß, dass dieses Thema Konfliktstoff birgt. Etliche sind der Meinung, dass es heute in der Gemeinde weder Apostel noch Propheten gibt. Warum es aber weiterhin Evangelisten, Hirten und Lehrer geben soll, ist nach diesem Denkmodell nicht ganz klar (darauf gehe ich hier aber nicht näher ein; sollte das für dich ein Problem sein, lies einfach auf Seite 82 weiter).

Bei diesen Fünf geht es nicht um Ehrentitel, der eine erhabene Position unterstreicht, sondern um reine Dienstbezeichnungen, so wie man im normalen Leben Handwerker als Schreiner, Klempner oder Schlosser bezeichnet. Das ist praktisch; so weiß man gleich, wen man anrufen kann, wenn der Tisch wackelt oder der Abfluss verstopft ist.

Aber inzwischen ist viel passiert, und die Position des Pastors wurde und ist immer noch überhöht (obwohl der Dienst des Pastors im Neuen Testament nur zwei Mal erwähnt wird). Das sehr alte Konzept eines Priesters, der eine Mittlerrolle innehat zwischen Gott und dem einfachen Volk, dieses uralte Konzept hat bisher noch jede Reformation überlebt.

beschäftigt, aber der Lehrer hebt mahnend die Hand und fragt: Wo steht das im Wort? Ein Apostel sieht alles im größeren Zusammenhang und strapaziert damit die jeweilige Einzelsicht.

Wenn diese fünf aber eins sind, dann geschieht Einheit auf einem ganz neuen Niveau! Das wäre eine gigantische Dimension, die wir so noch nicht anhaltend in Funktion gesehen haben. Selbst die Welt würde erkennen, dass ohne Gott so eine Einheit nie zustande kommen könnte! Einheit ist dem Feind ein massiver Dorn im Auge. Er weiß: Wenn die fünf eins wären, hätte er ausgespielt. Daher tut er alles, damit genau diese fünf schön säuberlich separiert bleiben – oder einfach ignoriert werden.

• Durch den Dienst der Fünf – Zur Erkenntnis des Sohnes Gottes kommen (4,13)

Jesus ist der vollkommene Apostel, Prophet, Evangelist, Hirte, Lehrer. Er ist der Eckstein (2,20).

Es braucht alle fünf, um Christus in seinem vollen Umfang zu offenbaren.

• Die Fünf führen den Leib zu Reife, zum vollen Maß der Fülle Christi (4,13)

1/5 kann nicht die Fülle sein. Stell dir einen Fünfzylindermotor vor, von dem vier Zylinder nicht zünden. Dieser Motor bringt nicht mal 20 % der vollen Kraft, denn die vier Zylinder, die nicht zünden, wirken wie Bremsen. Wahrscheinlich kommt dieser Motor überhaupt nicht in Gang.

Wenn beim Fünfzylinder nur einer zündet, dann bleibt die Karre stehen

Kennst du die Mathematik von 5. Mose 32,30: Einer schlägt 1000, zwei schlagen 10 000? Das ist ja schon eine gigantische Größenordnung. Aber wie wäre es, wenn diese Fünf eins wären? Das Ergebnis wären dann wohl 10 Millionen. Wer könnte dem noch widerstehen?

• **Nicht mehr unmündig** (4,14)
Wenn es keine Unmündigen gäbe, dann wäre auch keine Bevormundung mehr nötig. Die fünf Dienste stellen keine Machtkonstellation dar. Der größte unter ihnen soll der größere *Diener* sein. Sie dienen, damit auch das kleinste Gemeindeglied zur vollen Entfaltung kommt, über sich hinauswächst – und wenn es den Mentor übertreffen würde, das wäre das Schönste, was einem solchen Diener passieren könnte!

• Wenn mündig, dann auch **schärfer in der Unterscheidung**, was die verschiedenen Modeströmungen von Lehren und Irrtümern betrifft (4,14)

Um gut unterscheiden zu können, braucht es die Blickrichtungen der Fünf in Einheit.

• **Wir können wahrhaftig sein in Liebe** (4,15)
Wir müssen nicht immer tun „als ob". Alles darf ans Licht, nichts mehr wird unter den Teppich gekehrt.

• **Verwachsen (*koinonia*) mit dem Haupt des Leibes** – Christus das Haupt sein lassen (4,15). Theoretisch wird das ja schon akzeptiert, „Christus das Haupt" – aber das ist weit weg, fühlt sich nicht so direkt am Leib angewachsen an. Die Fünf bringen das in ein richtiges Verhältnis, weil sie selbst in der „Gleichwie-Einheit" Christus als das unmittelbare Haupt annehmen.

Zum Nachdenken: Wer ist das Haupt in der katholischen Kirche? Wer ist das Haupt in deiner Kirche?

• **Durch diese „Dienst-Gelenke" wird der Leib erst richtig beweglich.** Ein Körper hat ca. 360 Gelenke. Unsere Glieder sind durch Gelenke verbunden und werden dadurch erst richtig brauchbar.

Der ganze Leib wird durch jedes der unterstützenden Dienstgelenke zusammengefügt und verbunden, entsprechend dem Maß der Wirksamkeit jedes einzelnen Gliedes; so wirkt der Vater das Wachstum des Leibes und der wird durch die Liebe aufgebaut (4,16).

• So kommt es zum Wachstum des Leibes

Es ist Christus, in dem die ganze Fülle von Gottes Wesen in leiblicher Gestalt wohnt. Er ist das Oberhaupt aller Mächte und Gewalten (Kolosser 2,9–10).

Die *ekklesia* ist sein Leib, und er lebt in ihm mit seiner ganzen Fülle – er, der alles und alle mit seiner Gegenwart erfüllt (Epheser 1,23).

Die Konsequenz: Nur wenn diese fünf Dienste einander ergänzend und gemeinsam aktiv werden – in kleinen Gruppen, in „Kirchen", in Städten und Regionen, nur dann werden diese Auswirkungen und Zusagen von Epheser 4 erfüllt werden können. Wenn „die Fünf" zusammenwirken, dann werden „die Heiligen", „jeder Einzelne von uns" (4,7) ausgerüstet zum Dienst, erleben die Entfaltung ihrer Berufung und sind nicht mehr auf die Zuschauerrolle degradiert. Ohne die Fünf bleibt aber vieles beim Alten.

Gott möchte uns in eine tiefe, innige Beziehung mit sich ziehen und er will uns zur Erkenntnis seiner selbst führen – damit wir eins sind mit Christus, gleichwie er mit dem Vater eins ist.

Wenn bisherige Überzeugungen und Traditionen sich dem entgegenstellen, sollten wir sie aufgeben. Lassen wir also manches scheinbar Gute los, um das Bessere zu empfangen.

(Umfassend mit dem Thema der fünf Dienste hat sich die Konferenz „bewegen17" befasst. Die Aufzeichnungen sind abrufbar über http://bewegen17.com als Video, mp3 oder mp3-CD.)

Wie könnte Einheit in deiner Stadt aussehen?

Die besondere Stärke der einen Denomination füllte den Mangel der anderen aus

Du erinnerst dich noch an das Bild mit der Krone? Das hatte mit einem stadtmissionarischen Projekt zu tun. Bei der einen Krone wurden die Zacken der Besonderheiten jeder einzelnen Denomination weggeschnitten, um damit eine Einheit auf dem kleinsten gemeinsamen Nenner zu erzielen. Bei der zweiten Krone neigten sich die Zacken zueinander, die Spitzen wurden sozusagen zum Dienst aneinander. Die besondere Stärke der einen Denomination füllte den Mangel der anderen aus. Da jede mit unterschiedlichen Stärken ausgerüstet ist, hat jede einen wichtigen Beitrag zu leisten. Die Krone formte sich zu einem Helm und wurde zum Schutz.

Wenn die Christen in deiner Stadt ein „Sendschreiben" bekämen wie in Offenbarung 2 und 3, an wen würde es adressiert werden? An die Baptisten-Gemeinde, an die evangelische Landeskirche, an die Biblische Glaubensgemeinde, an die Mennoniten-Gemeinde oder die Methodisten-Kirche, an die katholische Kirche, an die Pfingstgemeinde, an die Brüdergemeinde, oder an die Altpietisten? Müsste man im Himmel erst mal ein Mailprogramm installieren? Wen sieht Gott als Gemeinde, wenn er auf deine Stadt sieht?

Wenn es nicht nur in diesem Bild von der Krone, sondern auch im wirklichen Leben möglich würde, dass diese Zacken sich verneigen, könnte etwas ganz Besonderes geschehen: Niemand mehr würde sich selbst und seine Besonderheiten so wichtig nehmen. Jeder von den Leitern hat eine besondere Berufung und ist mit himmlischen Gnadengaben ausgerüstet. Es ist anzunehmen, dass jeder eine dieser fünf Dienst-Gaben repräsentiert. Da man traditionellerweise einen Leiter als Pastor bezeichnet, kann es zwar sein, dass seine eigentliche Dienstgabe noch etwas freigelegt werden muss. Aber das ist kein Problem, denn im gemeinsamen Dienen zeigt sich, was in einem steckt: Nicht wenn auf der Visitenkarte „Prophet" steht, ist jemand ein Prophet, sondern wenn er den Dienst eines Propheten *tut*. Bezeichnungen sind daher nicht so bedeutend. Erfahrungsgemäß tun bereits viele Leiter entsprechend ihrer Gabe einen der fünf Dienste, ohne dass es richtig erkannt wird oder sie auch so benannt würden. Wenn ein Pastor eigentlich ein Evangelist ist, dann sieht man das allerdings sehr deutlich.

Also wenn diese Leiter der verschiedenen Gemeinden sehen könnten, dass Gott seinen Leib in der Gesamtheit der Gemeinden der Stadt sieht und überhaupt nicht in Denominationen denkt, dann wäre ein wichtiger Schritt getan. Das heißt nicht, dass man an der Gemeinde-Auf- und Einteilung etwas ändern müsste, es geht vor allem um die Einstellung. Denominationen könnten sich als Glieder sehen, die selbst wieder durch diese Dienstgelenke verbunden werden: „Unsere Denomination ist nur ein Teil des Leibes Christi in meiner Stadt. Wir für uns alleine sind nicht wirklich funktionsfähig, wir brauchen auch die anderen Teile. Und die anderen brauchen uns. Wir haben Stärken, wir haben Schwächen. Mit unseren Stärken können wir die Schwächen der anderen ausfüllen und umgekehrt. Auf diese Weise wird jede einzelne Denomination stärker, ohne deshalb abgetrennt zu werden.

Das Haupt ist auf der Suche nach seinem Leib – findet aber nur Denominationen

Auch unter Leitern kann ein solches Einheits-Entwicklungs-Labor eingerichtet werden – also wenn drei Leiter verschiedener Denominationen sich darauf einlassen, die „Gleichwie-Einheit" zu suchen und zu üben. Bei der „Gleichwie-Einheit" spielen Lehrfragen und

Gottesdienstformen nicht mehr die zentrale Rolle, es geht primär um Jesus Christus.

Denn wer eins mit Christus sein kann, der kann auch eins sein mit einem anderen, der eins ist mit Christus.

Wenn sich drei solche Leiter gefunden haben, können sie gemeinsam zurückblättern auf Seite 51 und die Vorschläge ausprobieren, um zu sehen, ob es sich so verhält, wie es in der Schrift geschrieben steht.

Jesus hat darum gebetet, dass die Leiter in deiner Stadt in seinem Namen bewahrt werden, dass sie vom Bösen bewahrt bleiben und geheiligt werden in der Wahrheit, in dem Fleisch gewordenen Wort, *damit* alle in deiner Stadt erkennen, wer Christus ist, weil auf diese Weise der Leib Christi sichtbar wird als funktionierender Leib.

Einige wichtige Aspekte, um diese Inhalte auch nachhaltig umzusetzen, konnten in diesem Buch nur skizziert werden. In einer Predigt oder einem Wochenend-Seminar in deiner Gemeinde kann das mit dem Autor aber gut vertieft werden. Außerdem können externe Impulse für nächste Schritte ganz hilfreich sein. info@mission-is-possible.de

Nachschlag – Beispiele

Hier nur zwei Beispiele, was in deiner Stadt passieren könnte, wenn sich ein paar Christen oder Gemeinden als Glieder des Leibes Christi in der Stadt sehen und die Leiter bereit sind, ihre „Kronen" voreinander niederzulegen und das zu ergreifen, was im Wort zugesagt ist.

Was Einheit und Buße bewirken

Vor Jahren wurde in einer österreichischen Stadt eine Evangelisation vorbereitet. Alle waren müde, denn für die fünf bis zehn Menschen, die üblicherweise bei solchen Veranstaltungen angesprochen werden konnten, war der Aufwand sehr hoch. Außerdem hieß es, der Boden in Österreich wäre besonders hart (was so viel bedeutete wie „Seien wir doch auch mit einem schlechten Ergebnis zufrieden"). Wir waren damals nicht zufrieden! Wir wandten uns an den Herrn der Ernte und fragten ihn, welche Strategie wohl die beste sei. Die Antwort war verblüffend: „Tut Buße – kehrt um!" Wir hatten eine Strategie erwartet, aber der Heilige Geist führte alle Beteiligten in eine persönliche Zeit der Buße – des Umdenkens –, und das erfasste auch die beteiligten Gemeinden. Etwa drei Monate lang gingen wir durch diesen Prozess. Das war eine total schöne Zeit; mit „Sack und Asche" hatte das nichts zu tun. Am Ende konnten wir die ganze Stadt mit diesem Geist der Umkehr segnen!

Wie sich plötzlich hunderte bekehren, trotz „hartem" Boden

Dann war der Termin für die Evangelisation. Auf vielfältige Weise wurden die Menschen in eine größere Halle eingeladen. Wir hatten alles so gemacht wie bisher. Das Gebetsteam, geübt im hörenden Gebet, hatte gute Vorarbeit geleistet.

Dann ging es los, die Halle war gut gefüllt. Eine Viertelstunde wurde das Evangelium verkündigt, dann eine einmalige Einladung, Jesus um Vergebung der Sünden zu bitten und ihn als Herrn in sein Leben einzuladen. Eine kurze Pause von vielleicht drei Sekunden – und die Hälfte der Anwesenden stand auf! Da verschlägt es einem den Atem. So etwas hatte ich zuvor noch nicht erlebt.

Anschließend luden wir ein zum Gebet um Heilung. Die Teams verteilten sich in der Halle, überall bildeten sich Schlangen. Einige Besucher wurden sofort geheilt und berichteten davon öffentlich.

Am übernächsten Tag lasen wir auf der Titelseite der auflagenstärksten Tageszeitung: „Arzt bestätigt: Krebs ist weg!" Am Abend kamen noch mehr Menschen. Wieder folgte die Hälfte der Besucher dem Aufruf – Hunderte von Menschen entschieden sich für ein Leben mit Jesus! Darauf waren wir gar nicht vorbereitet.

Was war geschehen? Bisher hatten wir bei solchen Veranstaltungen ein Dutzend Menschen für Jesus gewinnen können, vielleicht auch zwanzig. Wir hatten um eine neue Strategie gebetet, aber was war jetzt anders?

Im Nachhinein verstanden wir: Die Buße war der Schlüssel! Dieser Geist der Buße, der sich in Einheit über die beteiligten Gemeinden legen konnte.

Was wir daraus gelernt haben: Nur wer selber in Buße lebt, kann Verlorenen bei ihrer ersten Umkehr behilflich sein.

Einheit verändert die Stadt

Es entwickelte sich eine Freundschaft zu einem Bürgermeister in einem Ort in den neuen Bundesländern. Seine Frau hatte aufgrund traumatischer Erlebnisse ernsthafte gesundheitliche Einschränkungen und schwere Schlafstörungen. Wir boten Gebet um Heilung an, was gerne angenommen wurde. Das Erstaunliche: Die Schlafstörungen waren weg! Mehrere Tage war die Frau sehr aufgewühlt, konnte es einfach nicht fassen. Dadurch vertiefte sich die Beziehung und wir erfuhren auch einiges über die politische Gemeinde. Seine Wahl war für den bis dahin Unbekannten ein Erdrutschsieg; das verdankte er der Unzufriedenheit mit dem langjährigen Vorgänger. Einige hatten sich in dieser Zeit reichlich die Taschen gefüllt. Der Gemeinderat repräsentierte weiterhin zu 90 % das alte Lager; das machte dem neuen Bürgermeister die Arbeit nahezu unmöglich. Der Neunzig-Prozent-Gemeinderat tat alles, um dem Neuen das Leben zur Hölle zu machen, es gab Verleumdungen und vor den Eingang seines Hauses wurde sogar eine Fuhre Kuhmist gekippt.

Durch die Heilung seiner Frau hatte er erlebt, was Gebet bewirken kann, und war einverstanden, dass wir als Team im Gebet uns auch dieser Sache annahmen. Das taten wir längere Zeit; dabei befassten wir uns auch mit der Geschichte des Ortes, um herauszufinden, wo es mögliche Angriffspunkte gab dafür, dass der Ort so zerrissen war. Schritt für Schritt erlebten wir Veränderungen, von einigem, wofür wir gebetet hatten, konnte man sogar eine Woche später in der Zeitung die Ergebnisse lesen. Der größte Durchbruch aber erfolgte bei der nächsten Gemeinderatswahl: Heute stehen drei von zwei Gemeinderäte hinter dem Bürgermeister und er kann nun eine ordentliche Regierungsarbeit leisten.

In aller Kürze sind das zwei Beispiele, die zeigen: Wenn wir als Teams die Geistesgaben anwenden, in Einheit den Willen Gottes suchen und diesen dann in unseren Gebeten aussprechen, können wir im ganz normalen Leben, im Alltag, einiges bewegen. Und es erfüllt sich, dass Gottes Wille geschieht – wie er im Himmel vorgesehen

Gottes Willen auch in die Tagespolitik bringen – durch hörendes Gebet ist, auch in unserer und in deiner Stadt.

Ich wünsche, dass die Impulse dieses Buches in deinem Leben, im Leben deiner zwei Freunde und im Dienst der Leiter der Gemeinden in deiner Stadt etwas auslösen, damit Gott der Vater die Ehre bekommt, die ihm gebührt für das vollkommene Werk, das er durch Jesus Christus vollbracht hat. Damit das Licht nicht weiter unter dem Kübel bleibt, sondern auf einem erhöhten Leuchter von allen in deiner Stadt gesehen werden kann.

Wenn dir dieses Buch nützlich wurde, gib mir eine kurze Rückmeldung und erzähle mir, welche Erfahrungen du damit gemacht hast.

info@mission-is-possible.de

Von der Konferenz »bewegen17« sind sehr gute Impulse ausgegangen, die Segen für unser Land bewirken. Schauen Sie sich das Video kurz an.
Eine kompakte Zusammenfassung, alle Aufzeichnungen in vollem Umfang finden Sie auf www.bewegen17.com.
Es geht um die fünf Dienste nach Epheser 4: Apostel, Propheten, Evangelisten, Hirten und Lehrer. Ein Schlüsselthema, wenn es um die Wirksamkeit der Kirche geht! Diese Dienste sind wie Gelenke des Leibes. Fehlen sie – dann ist »bewegen« kaum möglich ... Diese fünf Dienste sind nötig: zur Ausrüstung „der Heiligen", um in ihrer Berufung fruchtbar zu sein. Um zur Einheit des Glaubens zu kommen. Damit wir zum Vollmaß der Fülle Christi kommen. Damit nicht jeder Wind einer Doktrin jeden ins Schleudern bringt. Damit Christus als das einzige Haupt seines Leibes akzeptiert wird!

EINE KONFERENZ MIT REFORMATORISCHEM POTENZIAL

Hörprobe: http://bewegen17.com
mp3-CD, 9 Vorträge, 3 Einheiten Anbetung
plus 12 Bonus-Vorträge
»bewegen-17«-CD per eMail bestellen:
info@agentur-pji.com

€ 10,–

Islamisierung unseres Denkens: Wenn Pfarrer mit Muslimen Gottesdienste feiern, vermitteln sie: Allah ist gleich Gott. Irrtum: Der eine Gott hat einen Sohn, der andere nicht. Wenn ein Muslim sich zu Jesus bekehrt, dann gilt die Todesstrafe, und die größten Verfolger der Christen sind die Muslime. – Aber nicht die Islamisierung ist das eigentliche Problem, sondern unsere Furcht, unseren Glauben zu bekennen. Die »Z« 13/14 gibt Ihnen beste Hintergrund-Information.

Die Gender-Ideologie ist ein Menschen zerstörendes, teuflisches Gedanken-Gebäude, gegen die Schöpfungsordnung Gottes. Es zerstört Seelen. Es gibt Kirchen mit einem Gender-Kompetenz-Zentrum; das heißt den Bock zum Gärtner machen. Da viele, auch Christen, nicht wissen, wie tödlich „Gender" ist, sollte die »Z« 15/16 mit Ihrer Hilfe so großflächig wie möglich Verbreitung finden. Helfen Sie bitte mit.

Der atheistische Humanismus: „Der Mensch ist das Maß aller Dinge" und die Vernunft wurde zur Religion. Alles, was Gott aus dem Bewusstsein drängt, wird gefördert. Alles, was Gott ehrt, wird diffamiert. Die Säkularisierung ist weit fortgeschritten, auch viele Kirchen sind von dem Virus infiziert. Die »Z« 17/18 befasst sich mit den Zusammenhängen von Meinungsbildung und Denkmustern.

DIE »Z« SCHREIBT, WORÜBER ANDERE LAUTHALS SCHWEIGEN

Leseprobe: www.zwiezukunft.de
Drei Magazine im Schuber, 400 S.,19,5 x 26 cm,
Best.-Nr: 453.104.018 ISBN 978-3-944764-12-2
http://shop.agentur-pji.com

€ 19,95